俄语系列图书

最新俄语口语强化
（商务基础篇）

林丽　刘颖　编

配光盘

哈尔滨工业大学出版社

内容提要

本书包括14个会话专题，209例情景对话，以俄汉双语形式编写。本书适用于高等学校俄语专业学生、俄语教师、商贸人员、翻译工作者及一切俄语爱好者。

图书在版编目(CIP)数据

最新俄语口语强化. 商务基础篇/林丽主编. —哈尔滨：
哈尔滨工业大学出版社,2012.4
ISBN 978-7-5603-3585-8

Ⅰ.①最… Ⅱ.①林… Ⅲ.①商务-俄语-口语-高等学校-教材 Ⅳ.①H359.9

中国版本图书馆 CIP 数据核字(2012)第 054680 号

责任编辑	甄淼淼
封面设计	刘长友
出版发行	哈尔滨工业大学出版社
社　　址	哈尔滨市南岗区复华四道街10号　邮编150006
传　　真	0451-86414749
网　　址	http://hitpress.hit.edu.cn
印　　刷	黑龙江省委党校印刷厂
开　　本	787mm×1092mm　1/16　印张11.75　字数360千字
版　　次	2012年4月第1版　2012年4月第1次印刷
书　　号	ISBN 978-7-5603-3585-8
定　　价	28.80元

(如因印装质量问题影响阅读,我社负责调换)

前言

《最新俄语口语强化》(商务基础篇)一书旨在帮助高等学校俄语专业学生、商贸人员及一切俄语爱好者开展俄语商务口语会话,提高俄语商务口语能力,也可供俄语教师课堂教学以及翻译工作者参考。本书可以用作高等学校俄语专业商务口语强化教材。

本书采用俄汉双语形式编写,共 14 个会话专题,209 例情景对话。内容涉及俄罗斯商务交注中的各个方面,如公司介绍、出行、交通、迎接、送行、宾馆、公务交谈、租赁、广告、展览会、商务谈判、价格、供货条件、支付、运输、海关、饭店、宴会、做客等。材料新颖,题材广泛,贴近生活,语言规范,内容丰富,难度由浅入深。所选对话基本上包含了各种专题最典型的表达方式。所有俄语部分配有俄罗斯专家录音,赠 mp3 光盘。

本书作者来自哈尔滨工业大学。另外,为本书提供编写材料、参加审阅并提出宝贵意见的有王立成、张旭明、王锐、王超、陈双利和倪军。全书由俄罗斯专家 Ирина Васильевна Егорова 审阅。

由于编者水平有限,书中难免有疏漏之处,敬请俄语同行及读者指正。

编　者

2012 年 2 月

Тема 1	Знакомство. Представление //1	
	相识、介绍	
Тема 2	Знакомство с фирмой //23	
	公司介绍	
Тема 3	Поездка. Транспорт //29	
	出行、交通	
Тема 4	Встреча. Проводы //39	
	迎接、送行	
Тема 5	Гостиница //47	
	宾馆	
Тема 6	Деловые беседы //69	
	公务交谈	
Тема 7	Аренда //94	
	租赁	
Тема 8	Реклама. Выставка //100	
	广告、展览会	
Тема 9	Деловые переговоры //109	
	商务谈判	
Тема 10	Цена. Условия поставки. Платёж //120	
	价格、供货条件、支付	
Тема 11	Транспортировка. Таможня //132	
	运输、海关	
Тема 12	Покупки. Экскурсии. Путешествия //143	
	游览、旅行	
Тема 13	Ресторан. Банкет. В гостях //160	
	饭店、宴会、做客	
Тема 14	Поздравления. Пожелания //176	
	祝贺、祝愿	

Тема 1
Знакомство. Представление
相识、介绍

1.
— Разрешите представиться. Я Ли Мин, менеджер.
— Очень приятно. Я Петров Александр Иванович, аудитор.
— Рад познакомиться.

> **参考译文**
> — 请允许自我介绍一下。我叫李明，业务经理。
> — 很高兴。我是亚历山大·伊凡诺维奇·彼得罗夫，审计员。
> — 很高兴认识。

2.
— Давайте познакомимся. Я ваш сосед, Ван Ли.
— Очень приятно. Я Александр, можно Саша.
— Очень рад.

> **参考译文**
> — 我们认识一下吧。我是您的邻居，王力。
> — 很高兴。我是亚历山大，可以叫我萨沙。
> — 很高兴。

3.
— Разрешите представить. Это господин Чжан, менеджер. Это господин Петров, аудитор. Это госпожа Иванова, бухгалтер.
— Рады познакомиться.
— Очень приятно.

> **参考译文**
> — 请允许我向你们介绍一下。这是张先生，业务经理。这是彼得罗夫先生，审计员。这是伊凡诺娃女士，会计。

— 很高兴认识。
— 很高兴。

4

— Познакомьтесь, пожалуйста. Это наш сосед Ван Ли. Это Александр, а это Наташа.
— Очень рады.
— Очень приятно.

【参考译文】

— 认识一下吧。这是我们的邻居王力。这是亚历山大，而这是娜塔莎。
— 很高兴。
— 很高兴。

5

— Разрешите представиться. Я менеджер фирмы. Меня зовут Михаил Васильевич Тихонов.
— Очень приятно. Я эксперт Лю Синь. Скажите, пожалуйста, а как вас зовут?
— Меня зовут Маша. Рада познакомиться. Я секретарь-референт. А это Борис. Он водитель. Борис, познакомься, это господин Лю. Он менеджер.
— Я рад познакомиться.

【参考译文】

— 请允许自我介绍一下。我是公司业务经理。我叫米哈伊尔·瓦西里耶维奇·吉洪诺夫。
— 很高兴。我是专家刘新。请问，您叫什么名字？
— 我叫玛莎。很高兴认识。我是秘书。而这是鲍里斯。他是司机。鲍里斯，认识一下，这是刘先生。他是业务经理。
— 很高兴认识。

6

— Здравствуйте. Давайте познакомимся. Меня зовут Антон. А вас?
— Меня зовут Ху Цзе. Рад с вами познакомиться.
— Очень приятно. Скажите, пожалуйста, кто вы?
— Я? Я менеджер. А вы?
— Я тоже менеджер. А это Виктор.
— Очень приятно. Виктор тоже менеджер?
— Нет. Виктор инженер. Познакомьтесь, пожалуйста.

— Очень приятно. Я Ху Цзе.
— Я Виктор. Рад познакомиться.

参考译文

— 您好。让我们认识一下。我叫安东。您呢?
— 我叫胡杰。很高兴认识您。
— 很高兴。请问,您是哪位?
— 我?我是业务经理。那您呢?
— 我也是业务经理。而这位是维克多。
— 很高兴。维克多也是业务经理吗?
— 不是。维克多是工程师。你们认识一下吧。
— 很高兴。我叫胡杰。
— 我叫维克多。很高兴认识。

7.

— Извините, пожалуйста, как вас зовут?
— Борис Викторович.
— Вы инженер?
— Да, я инженер. А вы?
— Программист.
— Очень интересно. А как вас зовут?
— Сергей Фёдоров.
— Рад познакомиться.
— Я тоже.

参考译文

— 请问,您叫什么名字?
— 鲍里斯·维克多罗维奇。
— 您是工程师吗?
— 是的,我是工程师。那您呢?
— 我是程序设计员。
— 很有意思。那您叫什么?
— 谢尔盖·费奥多罗夫。
— 很高兴认识。
— 我也很高兴。

— Простите, вы господин Кузнецов?

— Да, это я.
— Вы менеджер?
— Нет, я не менеджер, я аудитор.

参考译文

— 请问，您是库兹涅佐夫先生吗？
— 是的，是我。
— 您是业务经理吗？
— 不是，我不是业务经理，我是审计员。

9.
— Извините, вы Борис?
— Да, я Борис. А вас как зовут?
— Меня зовут Виктор.
— Очень приятно.

参考译文

— 请问，您是鲍里斯吗？
— 是的，我是鲍里斯。那您叫什么？
— 我叫维克多。
— 很高兴。

10.
— Извините, пожалуйста, вы секретарь?
— Да, я секретарь.
— Как вас зовут?
— Маша.
— Маша, скажите, пожалуйста, это Борис Викторович Соколов?
— Да, это он.
— Он директор фирмы?
— Нет, замдиректора.
— А кто директор?
— Владимир Николаевич Иванов.
— Спасибо за информацию.
— Не за что.

— 请问，您是秘书吗？

Тема 1

— 是的,我是秘书。
— 您叫什么?
— 玛莎。
— 玛莎,请问,这是鲍里斯·维克多罗维奇·索科罗夫吗?
— 是的,是他。
— 他是公司经理吗?
— 不,他是副经理。
— 那谁是经理?
— 弗拉基米尔·尼古拉耶维奇·伊凡诺夫。
— 谢谢您的信息。
— 不客气。

11.

— Извините, кто это?
— Это моя коллега Марина Юрьевна Лисина.
— Простите, а кто она?
— Она вице-президент фонда.

参考译文

— 请问,这是谁?
— 这是我的同事玛丽娜·尤里耶夫娜·利辛娜。
— 请问,她是做什么的?
— 她是基金会副董事长。

12.

— Кто это?
— Это господин Петров.
— А он кто?
— Александр Иванович аудитор. Он русский.

参考译文

— 这是谁?
— 这是彼得罗夫先生。
— 而他是做什么的?
— 亚历山大·伊凡诺维奇是审计员。他是俄罗斯人。

13.

— Простите, вы господин Петров?
— Да, это я.

— Вы менеджер?
— Нет, я не менеджер, я аудитор.

参考译文

— 请问,您是彼得罗夫先生吗?
— 是的,是我。
— 您是业务经理吗?
— 不,我不是业务经理,我是审计员。

14.
— Скажите, пожалуйста, кто он?
— Андрей, наш менеджер.
— А Марина?
— Она наша переводчица.

参考译文

— 请问,他是谁?
— 安德烈,我们的业务经理。
— 那玛丽娜呢?
— 她是我们的翻译。

15.
— Чьи это сотрудники?
— Наши.
— Это ваш водитель?
— Да, мой.

参考译文

— 这是谁的工作人员?
— 我们的。
— 这是您的司机吗?
— 是的,我的。

16.
— Кто это?
— Это господин Иванов и его жена.
— Кто он?
— Он агент фирмы.

Тема 1

— А она?
— Она экономист.

> 参考译文
>
> — 这是谁?
> — 这是伊凡诺夫和他的妻子。
> — 他是谁?
> — 他是公司代理。
> — 那她呢?
> — 她是经济师。

17.
— Кто это?
— Это Света.
— Кто она?
— Она секретарь.

> 参考译文
>
> — 这是谁?
> — 这是斯韦塔。
> — 她是干什么的?
> — 她是秘书。

18.
— Вы не знаете, кто это?
— Это господин Петров.
— Кто он?
— Менеджер фирмы.

> 参考译文
>
> — 您知道,这是谁吗?
> — 这是彼得罗夫先生。
> — 他是做什么的?
> — 公司业务经理。

19.
— Извините, кто это?
— Это господин Лю.

— А кто он?
— Он президент фирмы.

> 参考译文

— 请问,这是谁?
— 这是刘先生。
— 他是做什么的?
— 他是公司董事长。

20、
— Простите, кто это?
— Это господин Соколов.
— Кто он?
— Он представитель банка.

> 参考译文

— 请问,这是谁?
— 这是索科洛夫先生。
— 他是做什么的?
— 他是银行代表。

21、
— Антон, скажите, пожалуйста, кто это?
— Это сосед Николай и его дочка Лена.
— А кто он?
— Он бухгалтер.
— А Лена?
— Она студентка.

> 参考译文

— 安东,请问,这是谁?
— 这是邻居尼古拉和他的女儿列娜。
— 他是做什么的?
— 他是会计。
— 那列娜呢?
— 她是大学生。

Тема 1

22.
— Извините, вы не знаете, кто это?
— Это Сергей Петрович и тётя Клава. Они пенсионеры. Он наш вахтёр.
— А она?
— Она наша уборщица.

参考译文

— 请问,您知道这是谁吗?
— 这是谢尔盖·彼得罗维奇和克拉娃阿姨。他们是退休人员。他是我们的门卫。
— 那她呢?
— 她是我们的清扫员。

23.
— Извините, вы не знаете, кто это?
— Господин Кузнецов.
— А кто он?
— Он аудитор.
— Простите, а как его зовут?
— Его зовут Александр Петрович.

参考译文

— 请问,您知道这是谁吗?
— 库兹涅佐夫先生。
— 那他是干什么的?
— 他是审计员。
— 请问,他叫什么?
— 他叫亚历山大·彼得罗维奇。

24.
— Извините, директор у себя?
— Да, но он занят. Сейчас у него совещание. А вы кто?
— Я представитель фирмы Лю Мин. Вот моя визитная карточка.
— Извините, у меня нет карточки.
— Простите, а замдиректора здесь?
— Да.
— А как его зовут?
— Замдиректора зовут Игорь Степанович.

— Спасибо.

参考译文

— 请问，经理在吗？
— 在，但他很忙。现在在开会。您是哪位？
— 我是公司代表刘明。这是我的名片。
— 对不起，我没有名片。
— 请问，那副经理在吗？
— 在。
— 那他叫什么？
— 副经理叫伊戈尔·斯杰潘诺维奇。
— 谢谢。

25.
— Вы женаты?
— Да, я женат.
— А ваш менеджер женат?
— Да, он тоже женат.

参考译文

— 您结婚了吗？
— 是的，我结婚了。
— 那你们业务经理结婚了吗？
— 是的，他也结婚了。

26.
— Простите, вы замужем?
— Да, я замужем.
— У вас есть дети?
— Да, есть.
— Сколько у вас детей?
— Двое. Они уже взрослые: дочь замужем и сын женат.

参考译文

— 请问，您结婚了吗？
— 是的，我结婚了。
— 您有孩子吗？
— 是的，有。

Тема 1

— 您有几个孩子？
— 两个。他们已经成年了：女儿和儿子都结婚了。

27、
— Кто это?
— Это наш старший эксперт.
— Как её зовут?
— Её зовут Ли Сюе.
— Она замужем?
— Да, у неё есть муж.
— У них есть дети?
— Есть. У них есть сын.

参考译文

— 这是谁？
— 这是我们的高级专家。
— 她叫什么？
— 她叫李雪。
— 她结婚了吗？
— 是的，她有丈夫。
— 他们有孩子吗？
— 有。他们有一个儿子。

28、
— У вас есть переводчик?
— Да, есть.
— А как его зовут?
— Его зовут Павел.
— Он женат?
— Да, у него есть жена.
— Как её зовут?
— Её зовут Анна.
— Она домохозяйка?
— Нет, студентка.

参考译文

— 你们有翻译吗？
— 是的，有。

— 他叫什么?
— 他叫巴维尔。
— 他结婚了吗?
— 是的,他有妻子。
— 她叫什么?
— 她叫安娜。
— 她是家庭主妇吗?
— 不是,是大学生。

29.

— Скажите, пожалуйста, у вас есть переводчик?
— К сожалению, у меня нет переводчика.
— А секретарь?
— Нет, и секретаря у меня тоже пока ещё нет.

参考译文

— 请问,你们有翻译吗?
— 很遗憾,我们没有翻译。
— 那秘书呢?
— 没有,我现在也还没有秘书呢。

30.

— Сколько вам лет?
— По-восточному, мне 42 года, а по-европейски — 41 год.
— Вы женаты?
— Я не женат. А вы замужем?
— Ещё нет.

参考译文

— 您多大了?
— 按东方来说,我 42 岁,按欧洲来说,我 41 岁。
— 您结婚了吗?
— 我没结婚。那您结婚了吗?
— 还没有。

31.

— Мне 28 лет. А вам?
— Мне 34 года. Вы женаты?
— Да, я женат.

Тема 1

— У вас есть дети?
— Да. У меня есть сын.
— А сколько ему лет?
— Ему 3 года. А вы замужем?
— Да. У меня есть дочь.
— Сколько ей лет?
— О, ей только 6 месяцев.

参考译文

— 我28岁,您呢?
— 我34岁。您结婚了吗?
— 是的,我结婚了。
— 您有孩子吗?
— 是的。我有个儿子。
— 他多大了?
— 他3岁。那您结婚了吗?
— 是的。我有个女儿。
— 她多大了?
— 哦,她只有6个月。

32

— Это твоя секретарша? Сколько ей лет?
— Ей 28 лет. А это твой старший бухгалтер? Такой молодой?
— Да. Угадай, сколько ему лет?
— Ну, это будет трудно. Может быть, лет тридцать.
— Да, ему 29 лет.

参考译文

— 这是你的秘书吗? 她多大了?
— 她28岁。而这是你的高级会计师吗? 怎么这么年轻?
— 是的。你猜一猜,他多大?
— 呦,这很难。大概30左右吧。
— 是的,他29岁。

33

— Наташа, ваш муж работает?
— Да, работает.
— А кто он?

— Он банкир.
— А где он работает?
— В банке.
— А вы работаете?
— Нет, не работаю. Я домохозяйка.

> 参考译文

— 娜塔莎,您丈夫工作吗?
— 是的,工作。
— 那他是做什么的?
— 他是银行家。
— 他在哪儿工作?
— 在银行。
— 那您工作吗?
— 不,我不工作。我是家庭主妇。

34

— Скажите, ваш сосед работает?
— Да, он работает.
— А где он работает?
— На заводе. Он инженер.

> 参考译文

— 请问,您的邻居工作吗?
— 是的,他工作。
— 那他在哪儿工作?
— 在工厂。他是工程师。

35

— Где вы работаете?
— Я работаю на фирме.
— А кто вы?
— Я технолог.
— Вы давно работаете на фирме?
— Да, я работаю здесь уже 15 лет. А где вы работаете?
— Я — на заводе.

Тема 1

参考译文

— 您在哪里工作?
— 我在公司工作。
— 那您是做什么的?
— 我是技师。
— 您早就在公司工作吗?
— 是的,我在这里工作已有15年了。那您在哪里工作?
— 我在工厂。

36.
— Простите, кто вы?
— Я менеджер. Работаю на фирме. А это мой друг.
— Он бизнесмен?
— Да, он тоже менеджер, работает в банке.
— А сколько лет он работает в банке?
— Почти 10 лет.

参考译文

— 请问,您是谁?
— 我是业务经理。在公司工作。而这是我的朋友。
— 他是商人吗?
— 是的,他也是业务经理,在银行工作。
— 他在银行工作多少年了?
— 差不多10年了。

37.
— Простите, вы работаете или учитесь?
— Я работаю.
— А где вы работаете?
— Я инженер. Работаю на фирме.
— Такой молодой инженер!

参考译文

— 请问,您是在工作还是学习?
— 我在工作。
— 您在哪儿工作?
— 我是工程师。在公司工作。

— 多么年轻的工程师啊！

38.
— Марина, ваши дети работают?
— Сын работает.
— А ваша дочь?
— Нет, она не работает. Она учится в школе. Она ещё школьница.

参考译文

— 玛丽娜，您的孩子们工作吗？
— 儿子工作。
— 那女儿呢？
— 没有，她没有工作。她在学校学习。她还是中学生。

39.
— Ваши дети работают или учатся?
— Моя дочь учится, а мой сын уже работает.
— А где они учатся и работают?
— Дочь учится в университете, она студентка. А сын работает в журнале, он журналист.

参考译文

— 您的孩子们是工作呢还是学习呢？
— 我女儿在学习，而我儿子已经工作了。
— 他们在哪里学习和工作？
— 女儿在大学学习，她是大学生。而儿子在杂志社工作，他是记者。

40.
— Извините, Марина, вы врач?
— Нет, я медсестра.
— Вы работаете здесь?
— Да, вечером я медсестра, работаю в больнице, а утром и днём учусь в университете.

参考译文

— 请问，玛丽娜，您是医生吗？
— 不，我是护士。
— 您在这里工作吗？

— 是的,我晚上做护士,在医院工作,而早上和白天在大学里学习。

41、

— Вы сейчас учитесь или уже работаете?
— Учусь.
— Где вы учитесь?
— Я учусь в МГУ на юридическом факультете.
— А сколько лет там учитесь?
— Уже шесть лет.
— Шесть? Почему так долго?
— Потому что сейчас я не студентка, а аспирантка. Я учусь в аспирантуре.
— А что вы изучаете там?
— Менеджмент.

参考译文

— 您现在在学习还是已经工作了?
— 在学习。
— 您在哪里学习?
— 我在莫大法律系学习。
— 您在那里学习几年了?
— 已经6年了。
— 6年?为什么这么长时间?
— 因为现在我不是大学生,而是研究生。我在读研究生。
— 那您在那里是研究什么的?
— 管理。

42、

— Вы работаете или учитесь?
— И работаю и учусь.
— А где?
— Вечером я учусь в университете на факультете иностранных языков, а днём работаю на фирме.
— Что вы изучаете в университете?
— Я изучаю русский, английский, испанский языки.
— Извините, а сколько вам лет?
— Мне уже 26 лет.
— Сколько лет вы учитесь?
— Я учусь в университете три года. Раньше два года я служил в армии.
— А что вы делаете на фирме?

— Я переводчик.

参考译文

— 您是学习呢还是工作呢?
— 边学习边工作。
— 在哪儿?
— 晚上在大学外语系学习,而白天在公司工作。
— 您在大学学习什么?
— 我学俄语、英语和西班牙语。
— 请问,那您多大了?
— 我已经26岁。
— 您学习几年了?
— 我在大学学习3年。过去在部队服役2年。
— 您在公司做什么?
— 我是翻译。

43

— Фёдор, познакомьтесь, пожалуйста. Это мои коллеги.
— Очень приятно. Извините, как вас зовут?
— Меня зовут Сергей, я старший кассир. А это моя жена. Её зовут Марина.
— Сергей, вы давно работаете в банке?
— Почти пять лет.
— А вы, Марина?
— Я не работаю. Я студентка.

参考译文

— 费奥多尔,你们认识一下。这是我的同事。
— 很高兴。请问,您叫什么?
— 我叫谢尔盖,我是主任出纳员。而这是我妻子。她叫玛丽娜。
— 谢尔盖,您早就在银行工作吗?
— 差不多5年了。
— 那您呢,玛丽娜?
— 我没工作。我是大学生。

44

— Где вы учитесь?
— Я учусь в МГУ на экономическом факультете.
— А что вы изучаете?

— Я изучаю экономику, менеджмент, географию и иностранные языки.

参考译文

— 您在哪里学习?
— 我在莫大经济系学习。
— 那您学什么课程?
— 我学经济、管理、地理和外语。

45.
— Кем работает ваш отец?
— Он работает инженером.
— А вы тоже инженер?
— Нет, я работаю журналистом на телевидении.

参考译文

— 您父亲是做什么的?
— 他是工程师。
— 那您也是工程师吗?
— 不,我是电视台记者。

46.
— Где вы сейчас работаете?
— На фирме «Нокиа».
— Кем?
— Менеджером.
— А с кем? Кто ваш директор?
— Я работаю с господином Сидоровым.
— Я хорошо знаком с ним. Я давно его знаю.

参考译文

— 您现在在哪里工作?
— 在"诺基亚"公司。
— 做什么的?
— 业务经理。
— 和谁一起工作?谁是你们的经理?
— 我和西多罗夫先生一起工作。
— 我和他很熟。我早就认识他。

47.

— Саша, вы говорите по-английски?
— Да, я говорю по-английски.
— А ваш менеджер?
— Он прекрасно говорит по-английски и, конечно, по-японски, ведь он японец.

参考译文

— 萨沙,您会说英语吗?
— 是的,我会说英语。
— 那你们业务经理呢?
— 他英语说得很好,当然,还有日语也是,要知道他是日本人。

48.

— Миша, вы говорите по-китайски?
— Нет, не говорю. А мой коллега Виктор говорит по-китайски.
— Он китаец?
— Нет, он переводчик.

参考译文

— 米沙,您会说中文吗?
— 不,不会说。而我的同学维克多会说中文。
— 他是中国人吗?
— 不,他是翻译。

49.

— Вы говорите по-испански?
— Да, я говорю по-испански.
— А по-французски?
— И по-французски тоже говорю.
— А по-итальянски?
— Да, я говорю по-итальянски.
— А кто вы? Испанка, француженка или итальянка?
— Нет, я кореянка. Я переводчица.

参考译文

— 您会说西班牙语吗?

— 是的，我会说西班牙语。
— 那法语呢？
— 法语也会说。
— 意大利语呢？
— 是的，我会说意大利语。
— 您是哪国人？西班牙人，法国人还是意大利人？
— 不，我是韩国人。我是翻译。

50.
— Вы говорите по-русски?
— Очень плохо.
— А вы знаете английский язык?
— Конечно, знаю, потому что я американец.
— Скажите, а как по-английски будет «налоги»?

参考译文

— 您会说俄语吗？
— 说的很不好。
— 那您懂英语吗？
— 当然懂，因为我是美国人。
— 请问，"税"用英语怎么说？

51.
— Извините, вы иностранец?
— Да, я норвежец.
— Откуда вы?
— Я из Бергена, а мой коллега из Осло.

参考译文

— 请问，您是外国人吗？
— 是的，我是挪威人。
— 您从哪里来？
— 从卑尔根来，而我的同事从奥斯陆来。

52.
— Простите, вы иностранка?
— Да, я кореянка.
— Откуда вы?
— Я из Сеула, а мой коллега из Пусана.

参考译文

— 请问,您是外国人吗?
— 是的,我是韩国人。
— 您从哪儿来?
— 我从首尔来,而我的同事从釜山来。

53.
— Простите, пожалуйста, вы китайские бизнесмены?
— Да, мы из Китая. А вы?
— Мы тоже из Китая, из Пекина. А они?
— Кажется, они приехали из Японии, из Токио.

参考译文

— 请问,你们是中国商人吗?
— 是的,我们来自中国。那你们呢?
— 我们也来自中国,从北京来。那他们呢?
— 他们好像来自日本,从东京来。

54.
— Извините, вы из Америки?
— Да, мы американские эксперты. Я из Калифорнии, а он из Техаса. А вы откуда?
— Мы японцы, из Токио. А это наши коллеги. Они из Осака.

参考译文

— 请问,你们来自美国吗?
— 是的,我们是美国专家。我来自加利福尼亚,而他来自德克萨斯。那你们从哪儿来?
— 我们是日本人,来自东京。而这是我们的同事。他们来自大阪。

Тема 2

Тема 2 — Знакомство с фирмой
公司介绍

1.
— Как называется банк?
— Какой? Этот?
— Да, этот.
— Этот банк называется «Центральный банк России».

参考译文

— 这个银行叫什么？
— 哪个？这个吗？
— 是的，这个。
— 这个银行叫"俄罗斯中央银行"。

2.
— Это ваш офис?
— Нет, не наш.
— А чей?
— Кажется, это офис фирмы «Адидас».

参考译文

— 这是你们的办公室吗？
— 不，不是我们的。
— 那是谁的？
— 好像，这是"阿迪达斯"公司的办事处。

3.
— Это ваше здание?
— Нет, не наше.
— А чьё?
— Может быть, это здание фирмы «Сименс».

> 参考译文

— 这是你们的办公楼吗？
— 不是，不是我们的。
— 那是谁的？
— 可能这是"西门子"公司的办公楼。

4.

— Скажите, пожалуйста, у фирмы «Нокиа» есть представительство в России?
— Да, есть. В Москве.
— А у этого экспортного банка есть отделение?
— Да, есть. В Петербурге.

> 参考译文

— 请问，"诺基亚"公司在俄罗斯有代表处吗？
— 是的，有。在莫斯科。
— 那这家出口银行有支行吗？
— 是的，有。在彼得堡。

5.

— Алло, это банк?
— Нет, это не банк.
— Извините, а какой это номер?
— 124-81-87.
— Простите, я ошибся.
— Пожалуйста.

> 参考译文

— 喂，这是银行吗？
— 不，这不是银行。
— 对不起，这是什么号？
— 124-81-87。
— 对不起，我打错了。
— 没关系。

— Какую продукцию производит ваше предприятие?

— Мы производим лаки, краски.
— Какие?
— Автомобильные.

📖 *参考译文*

— 你们企业是生产什么产品的？
— 我们生产漆和颜料。
— 什么样的？
— 汽车用的。

7.
— Что это за фирма?
— Это производственно-коммерческая фирма.
— А что она производит?
— Она производит медицинское оборудование.
— Эта фирма надёжный партнёр? С ней можно иметь дело?
— Да. Она гарантирует высокое качество продукции и умеренные цены.

📖 *参考译文*

— 这是什么公司？
— 这是产销公司。
— 那它是生产什么的？
— 它生产医疗设备。
— 这家公司是可靠的伙伴吗？可以与它打交道吗？
— 是的。它能保证生产高质量的产品，而且价值适中。

8.
— Вот наш банк. Добро пожаловать, Борис!
— Спасибо, Андрей. Какое высокое здание!
— Да. Это большой бизнес-центр. Вот наш вход.
— А чей тот вход? Тоже ваш?
— Нет, кажется, там офис «Сбербанка России». Здесь разные банки. Это наш офис. Пожалуйста.
— «UBS». Извини, Андрей, что такое «Ю-Би-Эс»?
— Наш банк называется «UBS».
— А почему он так называется?
— Очень просто! Смотри: «ю» — объединённый, «би» — банк, «эс» — Швейцарии. По-русски это будет «Объединённый банк Швейцарии».

— Понятно. А почему объединённый?
— Потому что это очень крупный мировой банковский концерн. Его очень давно создали банкиры из Базеля вместе со Швейцарским банковским союзом.
— Я часто вижу в Швейцарии здания «UBS». У вас очень большой современный офис.
— Борис, а как называется ваш банк? Какой это банк?
— Наш банк называется очень просто: «ЦБ» или «Центральный банк». Это крупный государственный банк России.

参考译文

— 这就是我们的银行。欢迎你,鲍里斯!
— 谢谢,安德烈。楼房真高啊!
— 是的。这是商业中心。这是我们的入口。
— 那是谁的入口？也是你们的吗？
— 不是,那里好像是"俄罗斯储蓄银行"办事处。这里有各种银行,这是我们的办事处。请。
— "UBS"。安德烈,请问"UBS"是什么意思？
— 我们银行叫"UBS"。
— 为什么叫"UBS"？
— 很简单！你看"ю"表示联合的,"би"表示银行,"эс"表示瑞士。俄语的意思是"瑞士联合银行"。
— 明白了。那为什么叫联合的？
— 因为这是一家庞大的世界银行业康采恩。它是很久以前由巴塞尔银行家和瑞士银行联盟共同创建的。
— 我在瑞士常看到"UBS"大楼。你们有了一个很大的现代化办事处。
— 鲍里斯,你们银行叫什么？是一家什么银行？
— 我们银行名称很简单:"ЦБ"或者"中央银行"。这是俄罗斯大型国家银行。

2

— Добрый день, уважаемые дамы и господа! Разрешите представиться. Я старший консультант швейцарского банка «UBS» Андре Михель. Я работаю в банке «UBS», в информационно-аналитическом отделе три года. Я отвечаю за контакты с клиентами. Пожалуйста, какие у вас вопросы?
— Расскажите, пожалуйста, о названии вашего банка.
— С удовольствием. Наш банк называется «Объединённый банк Швейцарии», или «UBS». Его учредители — это Швейцарский банковский союз и Швейцарское банковское сообщество.
— Скажите, пожалуйста, когда ваш банк начал работать на российском

рынке?

— Мы начали работать уже 12 лет назад. Наше представительство находится в Москве.

— Скажите, а можно получить в вашем банке информацию о мировых финансах?

— Да, мы даём эту информацию круглосуточно, потому что мы оказываем международные услуги по управлению капиталом.

— Простите, как? Я плохо понимаю по-русски.

— Круглосуточно — это значит весь день и всю ночь. У нас также всегда есть свежая информация о ценах на нефть, газ и золото, о стоимости акций. За эту информацию отвечает наш финансовый директор.

— Простите, какой ваш контактный телефон?

— Пожалуйста, запишите. Московский номер: (495) 726-57-70. В нашей рекламе есть вся информация о каналах связи.

— Расскажите, пожалуйста, о структуре вашего банка.

— С радостью. Как вы знаете, в «UBS» 146 представительств и 46 офисов в различных странах мира: одно — в Москве. В Московском отделении банка есть несколько отделов: отдел по работе с клиентами, отдел банковских услуг частным лицам, отдел управления личным капиталом, отдел по валютным операциям, отдел кредитов, отдел инвестиций и так далее. Мы оказываем все банковские услуги как на российском, так и на международном рынке банковских услуг. Есть ещё вопросы?

— Да. Скажите, пожалуйста, несколько слов о вашем персонале.

— В нашем банке работают почти 66 000 сотрудников. У нас всегда можно получить консультацию, совет опытных сотрудников. Это квалифицированные специалисты, настоящие профессионалы. Все наши сотрудники говорят по-английски, по-немецки, по-французски, по-итальянски. А сотрудники отдела по работе с клиентами из России и Восточной Европы хорошо говорят по-русски.

— Спасибо за информацию.

— Благодарю за ваше внимание к нашему банку. Всего хорошего!

参考译文

— 尊敬的女士们，先生们，你们好！请允许自我介绍一下。我是瑞士银行"UBS"的高级咨询师安德烈·米赫尔。我在"UBS"银行的信息分析部工作三年了。我负责与客户联系。有什么问题吗？

— 请讲一下你们银行的名称。

— 很高兴。我们银行叫"瑞士联合银行"或"UBS"。创始人是瑞士银行联盟，瑞士银行集团。
　　— 请问,你们银行是什么时候开始在俄罗斯市场营业的?
　　— 我们在12年前就已开始营业了。我们的代表处设在莫斯科。
　　— 请问,在你们银行可以获得国际金融信息吗?
　　— 是的,我们昼夜提供这种信息,因为我们是做国际资本管理服务的。
　　— 对不起,什么?我不太懂俄语。
　　— 昼夜指的是白天和黑夜。我们还提供石油、天然气和黄金以及股票价格的最新信息。负责这种信息的是我们的财务经理。
　　— 请问,你们的联系电话是什么?
　　— 请记,莫斯科的号是:(495)726-57-70。我们的广告中有联系渠道的全部信息。
　　— 请讲一下你们银行的结构组成。
　　— 很高兴。大家知道,"UBS"在世界各国有146个代表处和46个办事处:一个设在莫斯科。莫斯科支行有以下几个部:客户部,个人银行服务部,个人资本管理部,外汇业务部,信贷部,投资部等等。我们提供俄罗斯及国际银行服务市场上的所有银行服务。还有问题吗?
　　— 有。请讲一讲你们银行的工作人员。
　　— 我们银行差不多有6万6千名员工。在我们银行可以随时得到有经验员工的咨询和建议。他们是有很高专业技能的专家,真正专业工作者。我们全体员工都会说英语、德语、法语和意大利语。而俄罗斯和东欧客户部的员工俄语说得很好。
　　— 谢谢您的信息。
　　— 多谢对我们银行的关注。再见!

Тема 3
Поездка. Транспорт

出行、交通

1.

— Алло! Секретарь президента. Слушаю вас.

— Добрый день. С вами говорит Майкл Добсон — сотрудник фирмы «Смит и Кауфман».

— Здравствуйте, господин Добсон. Спасибо, что позвонили. Мы как раз ждём вашего звонка. Вы получили наш факс?

— Да, спасибо. Получили.

— Когда вы собираетесь приехать в Москву?

— Сначала я полечу в Санкт-Петербург, у нас там есть СП (совместное предприятие), а затем уже приеду в Москву поездом.

— А самолётом не быстрее? Они летают из Петербурга в Москву два раза в день.

— Да, я знаю, но я решил ехать на поезде.

— Хорошо. Подтверждение на визу мы послали в наше консульство сегодня утром.

— Спасибо.

— Переговоры назначены на семнадцатое июня, на десять часов утра.

— Прекрасно. Мой поезд прибывает в Москву шестнадцатого днём, в четыре часа.

— Вас встретит Юрий Алексеевич Кузнецов, референт президента. Какой у вас вагон?

— Я сообщу вам это числа десятого. До свидания.

— Всего доброго, господин Добсон.

参考译文

— 喂！我是董事长秘书。请讲。

— 您好，我是迈克尔·多布松，"斯密特和考夫曼"公司员工。

— 您好，多布松先生。谢谢您打来电话。我们正好在等您的电话。您收到我们的传真了吗？

— 是的,谢谢。收到了。
— 您打算什么时候来莫斯科?
— 我先飞往圣彼得堡,我们在那里有合资公司,然后再乘火车到莫斯科。
— 乘飞机不是更快吗?每天有两个航班从彼得堡飞往莫斯科。
— 是的,我知道。但我已决定乘火车了。
— 好的。签证证明今天早晨我们已发往我国领事馆。
— 谢谢。
— 谈判定在 6 月 17 日早 10 点钟。
— 太好了。我乘的火车 16 日白天 4 点钟到达莫斯科。
— 董事长顾问尤里·阿列克谢维奇·库兹涅佐夫会去接您。您是哪节车厢?
— 我 10 日再通知您。再见。
— 再见,多布松先生。

2.

— Здравствуйте. Меня зовут Наташа. Через полчаса будет чай. У нас есть печенье, конфеты и бутерброды. Что-нибудь желаете?

— Да, пожалуйста. Принесите мне пачку печенья и два бутерброда: с сыром и с ветчиной. Чай, пожалуйста, с сахаром.

— Хорошо. Сколько стаканов чая вам принести?

— Два, пожалуйста. Да! А свежие газеты у вас есть?

— К сожалению, нет.

— Ну что ж, на нет и суда нет. Так, кажется, у вас говорят? Принесите любую газету, можно вчерашнюю.

— Хорошо. Вы знаете, у нас есть последний номер газеты «Московские новости». На русском. Вам принести?

— Да, можно. Скажите, а как работает ресторан?

— Ресторан работает без перерыва. Закрывается за час до прибытия.

— Спасибо. И ещё: когда будет первая остановка?

— Через два часа.

— Поезд там долго стоит?

— Нет, только шесть минут.

— Спасибо.

参考译文

— 您好。我叫娜塔莎。半小时后将上茶。我们有饼干、糖果和夹心面包片。您想要点儿什么吗?

— 是的,要。请给我拿一包饼干和两个夹心面包:夹奶酪和火腿的。请给我拿加糖的茶。

— 好。给您上几杯茶?
— 请上两杯。哦! 你们有新报纸吗?
— 很遗憾,没有。
— 好吧,没有不为怪。您们常这样说吧? 请拿任何一种报纸,可以是昨天的。
— 好。您知道,我们有最近一期的《莫斯科新闻》报。俄文版的。给您拿来吗?
— 好的,可以。请问,餐馆是如何营业的?
— 餐馆一直营业,不休息。在火车到达前一个小时关闭。
— 谢谢。还有:第一站什么时候到?
— 2 小时后。
— 火车在那里停的时间长吗?
— 不长,只有 6 分钟。
— 谢谢。

3

— Доброе утро. Что вы хотите на завтрак? У нас есть бутерброды с сыром, с рыбой и с колбасой.

— А с икрой и с ветчиной есть?

— Нет. К сожалению, нет.

— Ну что ж, тогда принесите с сыром и с колбасой. На безрыбье и рак рыба!

— Извините. Нам привезли только эти бутерброды.

— Ничего страшного.

— Что будете пить: воду, кофе, какао, чай?

— Пожалуйста, кофе. Чёрный, если можно.

— Хорошо. Если вы плохо переносите полёт, вызовите меня. У нас в аптечке есть все необходимые лекарства.

— Нет-нет, что вы! Я прекрасно себя чувствую в самолёте.

— Мятные конфеты, пожалуйста.

— Спасибо, я не хочу.

— Чем я могу вам помочь?

— Принесите, пожалуйста, две-три свежие газеты на русском языке.

— Хорошо. Одну минуточку.

参考译文

— 早上好。早饭想吃什么? 我们有夹奶酪、鱼和香肠面包片。
— 夹鱼子和火腿的有吗?
— 没有。很遗憾,没有。

— 好吧,那请拿夹奶酪和香肠的。没有好的,次一点的也行。
— 抱歉。给我们运来的只有这些夹心面包片。
— 没关系。
— 您喝什么？水、咖啡、可可或茶？
— 请给我来咖啡。如果可以,要清咖啡。
— 好。如果您感觉不好,请叫我。我们药箱里所有必备药品都有。
— 不用,不用,看您说的。我坐飞机感觉很好。
— 请用薄荷糖。
— 谢谢,我不要。
— 还有什么可以帮您的？
— 请给我那2-3张俄文版的新报纸。
— 好。稍等。

4

— Добрый день, господин Стаффорд. Меня зовут Синицкий Олег Михайлович. Мы с вами знакомы. Приятно снова увидеться с вами.
— Здравствуйте, господин Синицкий. Рад вас видеть! Я вас прекрасно помню, мы встречались в прошлом году в Лондоне на выставке. Так ведь?
— Совершенно верно. Как вы долетели?
— Спасибо, хорошо.
— Вы хорошо переносите самолёт?
— Да, вполне.
— Посмотрите, нам повезло: очереди к таможеннику нет. Обычно здесь яблоку упасть негде, а сегодня почему-то народу мало.
— А мы с вами вышли в числе первых. Через пять минут очередь будет очень большая.
— Нужно поскорее заполнить декларацию.
— А нельзя не проходить таможенный досмотр? Ведь у меня практически нет багажа, только маленький чемодан.
— Нет, к сожалению, здесь этот номер не пройдёт. Они осматривают даже кейсы, Я пойду займу очередь.
— Ну что ж, ничего не поделаешь.
— Сейчас быстренько пройдём досмотр, и я отвезу вас в гостиницу.
— В какую?
— В «Международную-1». Майкл Добсон будет жить там же.
— Это очень удобно. Спасибо.
— Завтра в девять у шестого подъезда вас будет ждать наша машина. Переговоры начнутся в десять.
— Ровно в девять я буду у подъезда.

— Отлично.

参考译文

— 您好,斯塔福尔德先生。我叫西尼茨基,奥列格·米哈伊洛维奇。我和您认识。很高兴再次见到您。
— 您好,西尼茨基先生。很高兴见到您!我清晰地记得您,去年在伦敦的展览会上我们见过。是这样吧?
— 完全正确。一路上怎么样?
— 谢谢,很好。
— 您乘飞机感觉好吗?
— 是的,很好,
— 您看,我们运气很好:海关工作人员这里不用排队。通常这里非常拥挤,而今天不知为什么人这么少。
— 我们是第一批走出来的。5分钟后会排起长队。
— 需要快些填报关单。
— 能不能不经过海关检查?我完全没有行李,只有一个小箱。
— 很遗憾,不行,在这里不行。他们甚至要检查公文包。我去排队。
— 那好吧,没办法。
— 现在我们赶快通过检查,我好送您去宾馆。
— 去哪个宾馆?
— 去"第一国际饭店"。迈克尔·多布松也将住在那里。
— 这很方便。谢谢。
— 明天9点我们的车在6号门等您。谈判10点开始。
— 9点整我在门口等着。
— 好。

(На вокзале)
— Скажите, пожалуйста, это поезд номер двадцать, до Санкт-Петербурга?
— Да. Какой вам нужен вагон?
— Если я не ошибаюсь, мне нужен как раз этот вагон, пятый.
— Покажите, пожалуйста, ваш билет.
— Пожалуйста.
— Да-да, это ваш вагон. Проходите скорее, поезд отправляется через три минуты. Ваше купе — второе, место — нижнее справа.

参考译文

— 请问,这是20次火车吗?到圣彼得堡的?

— 是。您是哪节车厢的？
— 如果没错，我就是这节车厢的，5车厢。
— 请出示您的车票。
— 请看。
— 是的，是这节车厢。请快点儿进，3分钟后火车就开了。您是第2个包厢，右下铺。

（В кассе）
— Здравствуйте!
— Здравствуйте!
— Мне нужен билет до Санкт-Петербурга.
— На какое число?
— На 5-е марта.
— К сожалению, на 5-е марта билетов нет. Ближайшее число — 6-е марта.
— Можно и на 6-е.
— Есть билеты в СВ (эс-вэ) на поезд № 20. Это фирменный поезд.
— СВ — это спальный вагон, да?
— Да. Это самый удобный вагон, потому что в СВ только два пассажира, а не четыре, как в купейном вагоне. Но это и самый дорогой вагон.
— Как говорится, хорошо дёшево не бывает. А что значит «фирменный» поезд?
— Фирменный поезд лучше обычного, и билет дороже.
— Значит, мой билет будет самый дорогой: самый дорогой поезд и самый дорогой вагон! Я буду как «новый русский»! Когда отправляется этот самый дорогой и самый комфортабельный поезд?
— В 20 часов 25 минут.
— А когда прибывает в Санкт-Петербург?
— В 7 часов утра.
— Хорошо. И ещё, пожалуйста, билет обратно на 10-е марта.
— Минутку. На 10-е марта, да?
— Да.
— Есть места в купейном вагоне. Вам лучше верхнюю полку или нижнюю?
— Мне всё равно.
— Пожалуйста. Это ваш билет до Санкт-Петербурга, поезд № 20, на 5-е марта. А это обратный билет на 10-е марта из Санкт-Петербурга, поезд № 21, место 15, нижнее. Поезд отправляется в 23 часа. С вас 1500 рублей.
— Большое спасибо.
— Пожалуйста.

Тема 3

参考译文

——您好!
——您好!
——我买一张到圣彼得堡的车票。
——几号的?
——3月5号的。
——很遗憾,3月5号的票没有了。最早是3月6号的。
——6号的也可以。
——有20次CB票。这是豪华列车。
——CB是卧铺车厢吧?
——是的。这是最舒服的车厢,因为CB包厢里只有两位乘客,而不像普通包厢是四位。但这也是最贵的车厢。
——常言道:好货不便宜。那"豪华"列车指的是什么?
——豪华列车要比普通列车好,车票也要贵一些。
——那就是说,我的票是最贵的:最贵的列车和最贵的车厢! 我要成为"俄罗斯新贵"了! 这列最贵、最舒适的火车什么时候开?
——20点25分。
——那什么时候到圣彼得堡呢?
——早上7点钟。
——好。再买一张3月10日返回的票。
——稍等。3月10号的,是吗?
——是的。
——有普通包厢的位置。您要上铺还是下铺?
——都一样。
——给您。这是您到圣彼得堡的票,20次列车,3月5号的。而这是3月10号从圣彼得堡返回的车票,21次列车,15号,下铺。23点开车。共1500卢布。
——多谢。
——不必客气。

7.

(В аэропорту)
— У вас есть декларация?
— Пожалуйста.
— Сколько у вас вещей?
— У меня только одно место.
— Откройте чемодан, пожалуйста. Что в этой сумке?
— Здесь мыло, бритва, расчёска, щётка и сувениры.

35

— Хорошо. Закройте чемодан, пожалуйста. У вас есть иностранные деньги?
— Да, сто долларов и кредитная карточка.
— Вы первый раз в Лондоне?
— Нет, я уже был здесь в двухтысячном году, зимой, в январе.

参考译文

— 您有报关单吗?
— 给您。
— 您有几件物品?
— 我只有一件。这里只有衣服：衬衫、西装、裤子、领带。
— 请打开箱子。这个包里是什么?
— 这里是香皂、剃胡刀、木梳、刷子和纪念品。
— 好。请关上箱子。您有外币吗?
— 是的,100美元和信用卡。
— 您是第一次来伦敦吗?
— 不是,2000年冬天一月份我已来过这里。

(В самолёте)
— Девушка, помогите мне, пожалуйста, пристегнуть ремни и поднять кресло. Я плохо себя чувствую.
— Может быть, вам принести воды или аэрон?
— Да, пожалуйста.
— Через 10 минут мы будем в Лондоне, и вам станет лучше.
— Я всегда плохо себя чувствую в самолёте. Наверное, это аэрофобия! А ведь через неделю — опять самолёт!
— Вы будете в Лондоне только неделю?
— Да, на следующей неделе я должен буду вернуться в Москву.

参考译文

— 小姐,请帮我系上安全带并将座椅升高。我感觉不好。
— 需要给您拿点儿水或防晕药吗?
— 是的,请拿点儿。
— 10分钟后我们到达伦敦,到时您就会好些。
— 我坐飞机总是感觉不好。大概这就是高空恐惧啊! 而一周之后我还要乘飞机。
— 您在伦敦只呆一周吗?
— 是的,下周我要回莫斯科。

Тема 3

— Вы не могли бы поменяться со мной местами? Мне лучше сидеть с краю, чтобы не беспокоить вас.

— Пожалуйста, мне даже лучше у окна.

— Вы уже были в Хельсинки?

— Да, я уже ездил туда в прошлом году. Правда, я был там недолго — всего неделю. А вы как долго будете в Финляндии?

— Месяц, а может быть, два. Я никогда раньше не был в Финляндии. В прошлом месяце я начал изучать финский язык, поэтому мне интересно услышать, как говорят по-фински сами финны.

— Не знаю, как вы говорите по-фински, но по-русски вы говорите очень хорошо. Вы давно начали изучать русский язык?

— Спасибо за комплимент, русский язык я изучаю уже два года. Мне помогает моя жена, Анна. Она русская. А я по национальности немец. Моя фамилия Мюллер, а зовут меня Герд.

— Очень приятно. Анатолий Кузнецов.

— Рад познакомиться.

— Вы живёте в Москве два года?

— Да, я приехал в Москву два года назад из Мюнхена. Я работаю менеджером по продажам на фирме «Конфина». Конечно, я должен хорошо знать русский язык, ведь моя работа — это устанавливать деловые контакты и вести переговоры. Лучше делать это на родном языке партнёров, не правда ли?

— Да, конечно, вы правы. А что поставляет ваша фирма на российский рынок?

— Наша фирма поставляет на российский рынок шоколад и шоколадные изделия. Мы сотрудничаем и с другими странами, в том числе с Финляндией.

— В таком случае, я думаю, вам будет нужен этот рекламный проспект «Деловая Финляндия». Я хотел бы подарить вам его на память о нашем знакомстве в самолёте. Думаю, он поможет вам лучше узнать Финляндию и, может быть, решить некоторые проблемы. Ведь у вас деловая поездка?

— Да. Большое спасибо за подарок. И спасибо вам за компанию. За разговором и время быстро пролетело. Мы летим уже два часа. Рад был познакомиться. Надеюсь, мы встретимся в Москве, вот моя визитка, здесь мои телефоны — домашний и рабочий. Буду рад, если вы позвоните.

— А это моя визитка. Обязательно созвонимся. Я познакомлю вас с женой.

— Простите, как вы сказали? Со-зво-ним-ся? Значит, позвоним друг другу?

— Вы правильно поняли. Самолёт уже идёт на посадку. Через 15 минут мы будем в Хельсинки. Кажется, вы забыли пристегнуть ремни.

— Да-да, спасибо.

参考译文

— 您能与我换一下位置吗？我坐在靠边的座位比较好，以免打扰您。

— 好的，我靠窗坐会更好。

— 您来过赫尔辛基吗？

— 是的，我去年到过那里。的确，我在那里呆的时间不长——只呆一周。那您要在芬兰呆多久？

— 一个月，有可能两个月。过去我从没去过芬兰。上个月我开始学习芬兰语，所以我很感兴趣听一听，芬兰人自己是怎样说芬兰语的。

— 我不知道您芬兰语说得怎么样，但您俄语说得很好。您早就开始学习俄语了吗？

— 多谢恭维，我学俄语已经两年。我的妻子安娜帮我学习。她是俄罗斯人。而我是德国人。我姓米列尔，叫格尔德。

— 很高兴，安那托里·库兹涅佐夫。

— 很高兴认识您。

— 您在莫斯科住两年了？

— 是的，我是两年前从慕尼黑来到莫斯科的。我是"孔菲纳"公司销售经理。当然，我应该精通俄语，要知道我的工作是建立商务联系，进行谈判。做这些用合作伙伴的母语要好一些，不是吗？

— 是的，当然了，您说的对。你们公司向俄市场提供什么？

— 我公司向俄市场提供巧克力和巧克力制品。我们还与其他国家（包括芬兰）合作。

— 这样的话我觉得这个广告册"商务芬兰"您会需要。我想把它赠送给您，作为我们在飞机上相识的纪念。我想，它会帮助您更好地了解芬兰，而且可能会解决一些问题。您是公差吧？

— 是的，多谢您的礼物。也谢谢您的结伴。有人说话时间过得飞快。我们已经飞了两个小时。很高兴与您相识。我希望，我们能在莫斯科相见，这是我的名片，这里有我的电话，家里和工作电话。如果您打电话，我会很高兴。

— 而这是我的名片。我们一定电话联系。我介绍您与我妻子认识。

— 抱歉，您说什么？Со-зво-ним-ся？意思是，我们相互打电话？

— 您理解的对。飞机已经在下降。15分钟后我们将到达赫尔辛基。好像您忘了系安全带了。

— 是的，是的。谢谢。

Тема 4
Встреча. Проводы
迎接、送行

1.
— Добрый день! Если я не ошибаюсь, вы — господин Ричард Браун из компании «Никос»?
— Да. Это я. А вы — господин Петров?
— Да.
— Здравствуйте!
— Добро пожаловать в Россию, в Петербург. Разрешите представить вам мою помощницу — госпожу Наталию Малышеву.
— Здравствуйте! Очень приятно.
— Очень приятно. Здравствуйте!
— Меня вы можете называть Сергей, а госпожу Малышеву — Наташа. Вот моя визитка.
— Отлично! Ричард!
— Очень приятно. Ричард, позвольте мне познакомить вас с программой на сегодня. Сейчас мы поедем в гостиницу «Астория», где мы разместим ваших коллег. В час тридцать — встреча с заместителем мэра Ивановым и ответственными лицами из администрации Центрального района.
— Мне сказали, что на встрече также будет присутствовать представитель нашего посольства, да? Его приезд не отменяется?
— Нет. Также будет сотрудник нашей торговой палаты.
— После встречи, в три часа мы запланировали экскурсию на Балтийский завод. Это ведущее предприятие отрасли. А вечером, после ужина в «Европейской», мы хотели бы пригласить вас на балет в Мариинский театр.
— Отлично! Спасибо! Вы организовали полезную и интересную программу! Скажите, а сколько времени займёт экскурсия на Балтийский завод?
— Примерно два часа.
— На экскурсии можно фотографировать и снимать на видеокамеру?
— Я узнаю у руководства завода.
— Ну что ж, а теперь, если у вас нет вопросов, прошу садиться в машину. Мы едем в гостиницу.

参考译文

— 您好！如果我没错的话，您是"尼科斯"公司的理查德.布劳恩先生吧？
— 是的，是我。那您是彼得罗夫先生吧？
— 是的。
— 您好！
— 欢迎来到俄罗斯，来到圣彼得堡。请允许我向您介绍我的助手纳塔利娅.马雷舍娃女士。
— 您好！很高兴。
— 很高兴。您好！
— 您可以叫我谢尔盖，而称马雷舍娃女士娜塔莎。这是我的名片。
— 太好了！叫我理查德。
— 很高兴。理查德，请允许我把今天的活动内容向您介绍一下。现在我们去"阿斯托利亚"宾馆，您的同事们也将安置到那里。1点30分与副市长伊凡诺夫及中央区行政机关负责人会晤。
— 我听说我国使馆的代表也将参加会晤，是吗？他要来没有取消吧？
— 没有。我们商会的工作人员也会来。
— 会晤后3点钟我们计划去波罗的海工厂参观。这是这一领域的重点企业。而晚上在"欧洲饭店"吃完饭后我们想请您去马丽斯基剧院看芭蕾舞。
— 太好了！谢谢！你们安排了非常有益而且令人感兴趣的活动！请问，到波罗的海工厂参观需要多长时间？
— 大约2小时。
— 参观时可以拍照和录像吗？
— 我要问一下厂里领导。
— 好了，现在如果您没有问题了，请上车。我们去宾馆。

2.

— Добрый день, господин Добсон.
— Здравствуйте, господин Кузнецов.
— Как вы доехали?
— Прекрасно! Я смотрел в окно, беседовал со своими спутниками, читал газеты и журналы.
— Русские или английские?
— Русские. Я решил, пока я в России, читать и говорить только по-русски.
— Вы абсолютно правы. А почему вы приехали на поезде? Самолётом ведь быстрее.
— Ну знаете, тише едешь, дальше будешь. Это, конечно, шутка. Просто я люблю ездить на поезде: я в поезде отдыхаю.

Тема 4

— Ну что ж, на это трудно что-нибудь возразить. Кстати, мы забронировали для вас номер в гостинице «Международная-1». Вас это устроит?

— Прекрасно. Я слышал, что это хорошая гостиница.

— Да, это современная гостиница, которая соответствует мировым стандартам. Это ваш багаж?

— Да, мой. Вот этот чемодан и две сумки.

— Разрешите, я вам помогу. Машина ждёт нас на площади.

— Спасибо.

— Вы можете отдохнуть с дороги. Переговоры начнутся завтра в десять часов утра.

— Да, я знаю. Сколько времени ехать от гостиницы до вашего офиса?

— От силы полчаса. В девять вас будет ждать машина у шестого подъезда. Вам это удобно?

— Да, благодарю вас.

— До завтра, господин Добсон.

— До свидания, господин Кузнецов.

参考译文

——您好,多布松先生。

——您好,库兹涅佐夫先生。

——一路上怎么样?

——很好!我一路看窗外景色,与同伴交谈,读报纸和杂志。

——俄罗斯的还是英国的?

——俄罗斯的。我决定,趁着我在俄罗斯,我只用俄语读和说。

——完全正确。那为什么您乘火车来?飞机更快些。

——您知道,宁静致远。这当然是玩笑。只不过是我喜欢乘火车,我在火车上休息。

——好吧,很难反驳您。顺便说一下,我们给您预订了"第一国际饭店"的房间。您满意吗?

——很好。我听说,这是非常好的宾馆。

——是的。这是符合国际标准的现代宾馆。这是您的行李吗?

——是的,是我的。这个箱子和两个包。

——我来帮您。车在广场上等着呢。

——谢谢。

——旅行后您可以好好休息一下。谈判明天10点钟开始。

——好的,我知道了。从宾馆到你们办公室需要多长时间?

——最多半个小时。9点钟车在6号门等您。这样合适吗?

— 好的，谢谢您。
— 明天见，多布松先生。
— 再见，库兹涅佐夫先生。

3

— Добрый вечер, господин Добсон.
— Добрый вечер, господин Кузнецов. Рад вас слышать.
— Я не поздно?
— Нет-нет. Что вы! Я вас слушаю.
— Только что передали сводку погоды. Завтра будет дождь и сильный туман.
— Но ведь вылет самолётов из-за тумана обычно не откладывается?
— Вы правы. Но меня беспокоит другое: в сильный туман ехать будет трудно, да и опасно.
— Волков бояться — в лес не ходить!
— Это не тот случай. У нас не очень хорошие дороги, к тому же возможен ливень. Так что если будет проливной дождь, то ни в коем случае ехать быстро нельзя.
— Как же быть?
— Нужно выехать пораньше. Давайте поедем в аэропорт в четверть восьмого.
— В 8.15? А это не поздно? Вы сами сказали, что ехать быстро нельзя.
— Нет! Четверть восьмого — это 7.15, на целый час раньше.
— Да. У меня всегда с этим проблемы!
— Ничего. Завтра в аэропорту у нас будет достаточно времени и мы потренируемся.
— Спасибо. Я буду вам очень признателен.
— Значит, договорились. В 7.15, то есть в четверть восьмого, машина будет ждать вас прямо у подъезда. Кстати, на случай, если будет сильный дождь, возьмите зонт. У вас есть зонт?
— Конечно! Какой же англичанин без зонта?!
— Прекрасно. У вас большой багаж? Помощь нужна?
— Нет-нет, не беспокойтесь. У меня только небольшой чемодан.
— Тогда до завтра. И не перепутайте: в 7.15!

参考译文

— 晚上好，多布松先生。
— 晚上好，库兹涅佐夫先生。很高兴听到您的声音。

— 我现在打电话太晚了吧?
— 没有,没有。看您说的!请讲。
— 刚才播了天气预报。明天将有雨和大雾。
— 但因为有雾飞机起飞通常不延误吧?
— 您说的对。但我担心的是另一件事:大雾天开车很困难,而且很危险。
— 不入虎穴,焉得虎子。
— 这不是那种情况。我们这里的路不太好,而且可能要下暴雨。所以,如果是倾盆大雨,那无论如何不能开快车。
— 那怎么办呢?
— 需要早些出发。我们七点一刻去飞机场。
— 8点15分? 那不晚了吗? 您自己说的,不能开快车。
— 不是! Четверть восьмого 是7点15分,早整整一个小时。
— 是的。我这方面总有问题!
— 没关系。明天在飞机场我们还有足够的时间,我们再练一练。
— 谢谢。我不胜感激。
— 那我们就这么定了。7点15分车在门口等您。顺便说一下,如果要下雨,请拿上伞。您有伞吗?
— 当然有! 哪有英国人没有伞的?!
— 很好。您行李多吗? 需要帮忙吗?
— 不用,不用,别担心。我只有一个小箱子。
— 那就明天见。不要弄混:7点15分!

4

— Проходите, Олег. Садитесь-садитесь. В ногах правды нет.
— Спасибо. Я что-то устал сегодня.
— Я тоже немного устал. В этот раз у меня расписание было таким насыщенным, что время пролетело незаметно.
— Да, эта командировка у вас была трудной.
— Вы знаете, в своё время я работал на таможне — вот там действительно была трудная работа: ни выходных, ни отпусков, ни вечеров свободных... И всё время в напряжении. Я выдержал там только 2 года — и ушёл.
— Ну, со временем у вас будет своя фирма.
— Может, и будет. Всему своё время. Кстати, на своей фирме придётся работать как раз много и без отдыха.
— Спасибо вам, Майкл, за тёплый приём. Я немного пришёл в себя. Но уже поздно, мне пора домой.
— Ну что вы! Ещё детское время!
— Нет-нет. Аня будет волноваться. Я поеду.
— Ну тогда посошок на дорожку?

— Нет, спасибо, Майкл, я за рулём. Завтра я поеду вас провожать. Позвоню перед выездом из дома. Хорошо?

— Хорошо. Тогда до завтра. Жду вашего звонка.

参考译文

— 请进,奥列格。请坐,请坐。何必老站着。
— 谢谢。今天我有点儿疲劳。
— 我也有点儿疲劳。这次我的日程排得满满的,时间不知不觉过去了。
— 是的,这次出差您很累。
— 您知道,我曾经在海关工作过,那里的工作真是很艰难:既没有双休日,也没有休假,晚上也不能休息……而且总是处于紧张状态。我在那里忍受了两年就辞职了。
— 将来,您会开自己的公司。
— 可能会有。万事各有其时。顺便说一下,在自己的公司恰恰会工作得更多,没有休息。
— 迈克尔,谢谢您的热情接待。我现在有些清醒了。但是现在已经很晚了,我该回家了。
— 看您说的!还早着呢!
— 不,不。阿尼娅会着急的。我回去。
— 那走之前再喝最后一杯酒?
— 不了,谢谢,迈克尔,我还要开车。明天我去接您。从家里出发前我给您打电话。好吗?
— 好。那明天见。等您的电话。

5.

— Мы должны быть в аэропорту не позднее девяти.
— Хорошо. Какую машину подготовить?
— Серый «Мерседес», пожалуйста.
— Он в ремонте.
— Как в ремонте? Опять?
— Машина старая, несколько раз была в аварии. Её вообще нет смысла ремонтировать: овчинка выделки не стоит! Дешевле купить новую.
— Поговорите об этом с директором фирмы. Может быть, и в самом деле лучше купить новую машину вместо этой. А джип в порядке?
— Да. Эта машина всегда на ходу! Во сколько нужно подать машину?
— В половине девятого.
— Может быть, лучше выехать в восемь? На Садовом кольце в часы пик много пробок.

— Можно поехать через центр.

— На Тверской тоже пробки, и мы потеряем не меньше получаса. Правда, на Ленинградском шоссе можно будет прибавить скорость.

— Нет-нет, ни в коем случае! Тише едешь — дальше будешь. Лучше пораньше выехать. Жду вас в восемь.

— Хорошо. Куда подать машину?

— К моему дому. Заезжать никуда не будем — прямо в аэропорт. Машину заправьте сегодня, а то завтра на бензоколонке может быть большая очередь.

参考译文

— 我们9点前必须到达飞机场。
— 好。准备什么车?
— 请准备灰色的"奔驰"。
— 这辆车在维修。
— 怎么在维修?又不能用了?
— 车旧了,出了几次事故。它完全没有修的必要了:不值得费力,买一辆新车会更便宜。
— 请与公司经理谈一谈这件事。那吉普车正常吗?
— 是的。这台车运行总是很正常!需要几点把车开到?
— 八点半。
— 可能最好8点出发吧?在花园环路上高峰时很堵。
— 可以走市中心。
— 特维尔斯科大街也堵,我们在那里浪费的时间不会少于半小时。的确,列宁格勒大街可能会加快车速。
— 不,不,无论如何不能加快车速!宁静致远。最好早点儿出发。我8点等您。
— 好。车开到什么地方?
— 开到我家。我们什么地方也不去,直达飞机场。今天把车加好油。明天加油站会排长队。

— Господин Петров, я знаю, что вы были очень заняты последнее время. Поэтому я ценю то, что вы нашли время проводить меня и моих коллег.

— Ну, что вы... Это само собой разумеется! Всё ли вы успели сделать, все ли необходимые документы оформили?

— Да, спасибо, всё в порядке!

— Надеюсь, что это не последняя наша с вами встреча, и вы приедете в Петербург ещё не раз, правда?

— Ну, конечно... И потом, если всё сложится, то увидимся в октябре у нас.
— Дай-то Бог!
— Ну, ещё раз благодарю вас за тёплый приём, который вы нам оказали, за помощь и поддержку. Во многом всё состоялось благодаря вам! Передайте, пожалуйста, привет и мою благодарность господину Кузнецову.
— Всегда пожалуйста! Ну, счастливого пути. Сообщите по прибытии, как долетели.
— Непременно. До свидания!
— Всего доброго! Счастливого пути?! И... до встречи!

参考译文

— 彼得罗夫先生，我知道您最近很忙。所以我很珍视您找到时间来送我和我的同事。
— 看您说的……这是当然的啦！您一切都准备好了？所有的必备证件都办好了？
— 是的，谢谢，一切正常！
— 希望这不是我和您的最后一次见面，您还会再次来彼得堡的，是吧？
— 当然啦……而且如果有机会我们10月份会在我们那里相见。
— 愿上帝保佑！
— 再次感谢您给予我们的热情接待，感谢帮助和支持。多亏你们在很多方面都进行的很顺利！请向库兹涅佐夫先生转达我的问候和感谢。
— 您总是很客气！那一路平安。到达后马上通知我们一路上是否顺利。
— 一定。再见！
— 再见！一路平安！再会！

Тема 5

Тема 5 // Гостиница
宾馆

1.

— Скажите, пожалуйста, вы можете зарезервировать место в гостинице?
— Да, конечно. Какого класса гостиницу вы хотели бы?
— Честно говоря, я не знаю. Что-нибудь типа «Прибалтийской». Одноместный люкс.
— Ваше имя, фамилия?
— Ван Хуа.
— Сейчас. Секундочку. Всё в порядке. «Прибалтийская». Одноместный люкс на ваше имя. Ваш номер заказа 265. Транспорт нужен?
— Спасибо, нет. Всего хорошего!
— До свидания!

参考译文

— 请问,您能在宾馆给我预订一个房间吗?
— 是的,当然可以。您想要什么级别的宾馆?
— 说实话,我不知道。要"波罗的海沿岸"那种类型的吧。单人豪华间。
— 您的姓名?
— 王华。
— 马上。稍等。一切正常。"波罗的海沿岸"。以您的名字预订的单人豪华间。您的订单号是265。需要交通工具吗?
— 谢谢,不要。再见!
— 再见!

2.

— Гостиница «Прибалтийская»? Здравствуйте! Я хотел бы подтвердить бронь на имя Ван Хуа, заказ 265.
— У вас заказан двухместный номер?
— Нет, одноместный.
— Простой?
— Люкс.

— Всё в порядке. Мы вас ждём. Приезжайте, пожалуйста.
— Скажите, а можно прислать за мной машину? Я сейчас в аэропорту.
— Наш автобус ходит каждый час. В девять, в десять и т. д. Стоянка у главного входа. На автобусе крупно написано: «Прибалтийская».
— Но мне придётся ждать 40 минут!
— К сожалению, больше ничем не могу вам помочь. Возьмите такси.
— Ну что ж, спасибо!

参考译文

— "波罗的海沿岸"宾馆吗？您好！我想确认一下王华预订的房间，订单号是265。
— 您订的是两人间吗？
— 不是，单人间。
— 普通房间吗？
— 豪华间。
— 一切正常。我们等您。请过来吧。
— 请问，可以给我派辆车吗？我现在在机场。
— 我们的大巴每小时一次。9点、10点等等。车站在主门门口。大巴车上用大字写着："波罗的海沿岸"。
— 但我需要等40分钟啊！
— 很遗憾，我无法给您更大的帮助。请您打车吧。
— 那好吧，谢谢。

3.

— Алло! Фирма «Инторг». Слушаю вас.
— Добрый день. Говорит Роберт Дэвис.
— Здравствуйте, господин Дэвис. Мы как раз хотели позвонить вам, чтобы сообщить, что подтверждение на визу мы отправили в наше консульство сегодня утром.
— Очень хорошо. Забронируйте для меня, пожалуйста, номер в гостинице с седьмого августа.
— С седьмого? Переговоры начнутся только двенадцатого.
— Да, я знаю. Дело в том, что я приеду с женой. Она никогда не была в Москве, и я хочу показать ей ваш город.
— Вам заказать номер на двоих?
— Да, пожалуйста.
— Хорошо, господин Дэвис. Мы закажем для вас номер на двоих с седьмого августа. В какой гостинице вы хотели бы остановиться?

— На ваше усмотрение. Я позвоню вам на днях. До свидания.
— Всего доброго.

参考译文

— 喂！"国际贸易"公司吗？请讲。
— 您好。我是罗伯特·戴韦斯。
— 您好,戴韦斯先生。我们正好想给您打电话,想通知您,签证证明今天早晨我们已寄至我国领事馆了。
— 很好。请给我在宾馆订一间房,从8月7日开始住。
— 从7日住？谈判12日才开始。
— 是的,我知道。原因是,我要带妻子来。她从来没来过莫斯科,我也想带她来看看你们的城市。
— 给您订两人间的？
— 是的。
— 好,戴韦斯先生。我们将给您订从8月7日入住的两人间。您想住在什么样的宾馆？
— 您看着安排吧。这几天我再给您打电话。再见。
— 再见。

4.

— «Интерофис». Слушаю вас.
— Здравствуйте. С вами говорят с фирмы «Инторг».
— Добрый день.
— Нам нужно заказать двухместный номер.
— В какой гостинице?
— «Международная-1».
— На сколько дней?
— На одиннадцать.
— С какого и по какое число?
— С седьмого по семнадцатое августа.
— На кого оформить заказ?
— Фирма «Инторг», Роберт Дэвис.
— Заказ принят. Подтвердите приезд клиента пятого августа. В крайнем случае шестого.
— Хорошо. До свидания.
— До свидания.

参考译文

— 这里是"国际事务办公室"。请讲。
— 您好。我是"国际贸易公司"。
— 您好。
— 我们需要预订一个两人间。
— 订哪个宾馆?
— "第一国际饭店"。
— 住几天?
— 11 天。
— 从几日到几日?
— 从 8 月 7 日到 17 日。
— 以谁的名义办理预订?
— "国际贸易"公司,罗伯特·戴韦斯。
— 预订好了。请 8 月 5 日确认客户到来。最迟 6 日打电话。
— 好。再见。
— 再见。

5.

— Здравствуйте. С вами говорит замдиректора фирмы «Инторг» Волков Олег Михайлович.

— Очень приятно. Здравствуйте.

— Как вы долетели?

— Спасибо, хорошо. Самолёт очень комфортабельный, и полёт был спокойным и приятным.

— Вылет из Лондона задержали на час?

— Да. Из-за сильного тумана.

— В Москве в это время тоже был довольно густой туман.

— Да, мы знали это. И, честно говоря, боялись, что аэропорт «Шереметьево» не будет принимать самолёты.

— Всё хорошо, что хорошо кончается. Вы, наверное, устали после дороги?

— Я не очень, а вот моя жена немного устала. Она плохо переносит самолёт.

— Не буду вас больше задерживать, отдыхайте.

— Спасибо. Да! Я хочу поблагодарить вас за то, что вы заказали нам такой прекрасный номер. В прошлый раз номер был довольно тесный.

— Я рад, что вы довольны.

— И хорошо, что окна выходят на юг.

— Мы просили, чтобы забронировали номер в тихом месте.
— Спасибо. В прошлый мой приезд было очень шумно.
— Надеюсь, сейчас будет спокойнее.
— Переговоры назначены на двенадцатое?
— Да. На десять часов.
— Тогда эти дни мы посвятим театрам и экскурсиям по Москве. До свидания.
— До свидания. Желаю вам приятно провести время.
— Спасибо.

参考译文

— 您好。我是"国际贸易"公司副经理沃尔科夫·奥列格·米哈伊洛维奇。
— 很高兴。您好。
— 一路上怎么样?
— 谢谢,很好。飞机很舒服,而飞行很平稳,很顺利。
— 起飞延误了一个小时吗?
— 是的。因为有大雾。
— 刚才在莫斯科也有相当大的浓雾。
— 是的,我们知道。说实话,我们担心"舍列梅季耶沃"机场不会接收飞机降落。
— 还好,结局很好。您旅途大概很疲劳吧?
— 我不太累,而我妻子有点儿累了。她坐飞机感觉不好。
— 我不打扰你们了,你们休息吧。
— 谢谢。哦! 我想感谢您给我们订了这么好的房间。上一次房间很挤。
— 您满意我很高兴。
— 而且窗户朝南,这很好。
— 我们提出预订安静的房间。
— 谢谢。上次我来时很吵。
— 希望这次会安静些。
— 谈判定在 12 日吗?
— 是的,10 点钟。
— 那么这几天我们去剧院和游览莫斯科。再见。
— 再见。祝你们度过愉快的时光。
— 谢谢。

— Слушаю.
— Скажите, пожалуйста, куда мне обратиться, чтобы привели в порядок

кондиционер?

— По всем вопросам, связанным с ремонтом или заменой замков, кондиционера и сантехники, вам нужно обратиться к дежурной, она сидит на пятом этаже.

— Туда можно позвонить?

— Да, пожалуйста. Телефоны: 253-21-03 и второй — последние цифры 05. По этим же телефонам вы можете звонить, когда вам нужно будет что-нибудь постирать, погладить или отдать в химчистку. Горничная всё сделает.

— Спасибо. Скажите, могу ли я сейчас заказать завтрак в номер?

— Пожалуйста. Телефон вы найдёте в справочнике, который лежит на столе в вашем номере.

— Спасибо. И последний вопрос: мне хотелось бы пригласить к нам в гости своих друзей. Как это сделать?

— Вы можете заказать для них пропуск в бюро пропусков.

— Спасибо.

— Пожалуйста.

参考译文

— 喂。

— 请问，我们应该找哪个部门来修理空调？

— 与修理或换锁、修理空调和卫生设备有关的问题请找值班人员，她在5楼。

— 可以往那里打电话吗？

— 是的，可以。电话是253-21-03，第二个电话后两位是05。当您需要洗什么，熨烫或者干洗什么时，也可以打这两个电话。清扫员会做好这一切。

— 谢谢。请问，我现在可以往房间订早餐吗？

— 可以。电话号您可以在您房间桌子上放着的指南手册中找到。

— 谢谢。最后还有一个问题：我想请朋友们来我们这里做客。应该怎样做？

— 您可以给他们订通行处的通行证。

— 谢谢。

— 不客气。

7.

— Пятый этаж. Здравствуйте.

— Это дежурная?

— Да. Слушаю вас.

— Здравствуйте. Вы не скажете, как позвонить в прачечную?

— Вам нужно что-нибудь постирать?

— Да, мужские рубашки.

Тема 5

— Вы можете оставить их в пакете на полу, и горничная отнесёт их в прачечную.
— Хорошо.
— А в шесть вечера горничная принесёт вам чистые сорочки в номер.
— Спасибо.
— В каком номере вы живёте?
— В сто тридцать пятом.
— Я записала. До свидания.
— До свидания.

参考译文

— 这是五楼。您好。
— 您是值班人员吗?
— 是的。请讲。
— 您好。请问,怎样往洗衣房打电话?
— 您需要洗什么东西吗?
— 是的,男士衬衫。
— 您可以将它们放在地板上的袋子里,清扫员会把它们带到洗衣房去。
— 好。
— 而6点钟清扫员会把干净的衬衫带回房间。
— 谢谢。
— 您住在哪个房间?
— 135 房间。
— 我登记下来了。再见。
— 再见。

— Здравствуйте, моя фамилия Ван. Для меня забронирован номер.
— Здравствуйте! Одну минуту. Сейчас посмотрю. Господин Ван Линь?
— Совершенно верно.
— Да, для вас забронирован одноместный номер. Заполните, пожалуйста, регистрационную карту. Извините, уже ночь, 12 часов, но это необходимо.
— Мне надо писать по-русски?
— Надо по-русски, но можно писать и по-английски.
— Хорошо. Я попробую по-русски.
— Ваш номер тридцать второй. Вот электронная карточка от номера. Вы знаете, как пользоваться?
— Да, спасибо. Какой это этаж?

— Третий.
— Скажите, пожалуйста, в гостинице есть ресторан?
— Да, ресторан на первом этаже. Он работает с шести вечера до двух часов ночи. Есть ещё кафе, оно работает с восьми утра до девяти часов вечера.
— Спасибо.

参考译文

— 您好,我姓王。有人给我订了房间。
— 您好!稍等。我现在看一下。王林先生吗?
— 完全正确。
— 是的,有人给您订了单人间。请填写登订卡。对不起,已经深夜12点了,但这是必须做的。
— 我需要写俄语吗?
— 要写俄语,但也可以写英语。
— 好。我试试写俄语。
— 您是32号房间。这是房间的电子卡。您知道怎么用吗?
— 是的,谢谢。这是几楼的?
— 三楼。
— 请问,宾馆有餐厅吗?
— 有,餐厅在一楼。晚6点至夜里2点营业。还有咖啡馆,从早上8点到晚上9点营业。
— 谢谢。

— Добрый день. Акционерное общество «Оптика» забронировало два двухкомнатных номера для представителей английской фирмы.
— Сию минуточку. Сейчас посмотрю. Да, есть. С шестнадцатого по двадцать пятое июня.
— Всё правильно.
— Один номер на восьмом, а другой на пятом этаже.
— Девушка, не в службу, а в дружбу, найдите нам, пожалуйста, два номера на одном этаже. Если можно.
— Хорошо, сейчас посмотрю. Седьмой этаж вас устроит?
— Прекрасно! Спасибо большое. А куда там выходят окна? Не на шумную улицу?
— На улицу. Но это не имеет значения: у нас во всех номерах тихо, так как окна в них со звукоизоляцией. Вот ключи от номеров.
— Нам, пожалуйста, только один ключ. Второй наш гость приедет часов в

Тема 5

пять.
— С ним будет сотрудник вашей фирмы?
— Да. Спасибо вам большое.
— Все справки можно получить по телефону прямо из номера. Справочник услуг и телефонов лежит на столе в номере.
— Хорошо. И ещё раз спасибо.
— Дежурная сидит на пятом этаже.
— Всё понятно. Всего доброго.
— До свидания.

参考译文

— 您好。"光学设备"股份公司为英国公司的代表订了两个双人间。
— 稍等。现在我看一下。是的,有。从6月16日到25日。
— 对。
— 一间在8楼,另一间在5楼。
— 小姐,请帮帮忙,给我们找两个在同一楼层的房间。如果可以的话。
— 好,我看一下。7楼您满意吗?
— 太好了!多谢。窗户朝哪里?不是朝噪音很大的街道吧?
— 朝街道。但这没有关系:我们所有的房间都很安静,因为房间的窗户都是隔音的。这是房间的钥匙。
— 先给我们一把钥匙吧。我们的第二个客人5点左右到。
— 你们公司的工作人员与他一起来吗?
— 是的。多谢。
— 所有的信息可以直接从房间里打电话获得。服务及电话指南放在房间的桌子上。
— 好。再次感谢。
— 值班人员在5楼。
— 一切清楚了。再见。
— 再见。

10.
— Дежурный портье слушает. Добрый день.
— Скажите, пожалуйста, где я могу найти дежурную по этажу?
— На каком этаже вы живёте?
— На седьмом.
— На седьмом этаже дежурной нет. Она сидит на пятом этаже. Вы можете позвонить ей по телефону 253-21-03 или 05.
— 05?

— 05 — это последние две цифры второго телефона: 253-21-05.
— Алло! Дежурная слушает. Добрый день.
— Здравствуйте. Скажите, как позвонить в прачечную? Мне нужно отдать в стирку рубашки.
— Вам не нужно звонить в прачечную. Оставьте сорочки в пакете на полу. Горничная отнесёт их в прачечную, а вечером, часов в 6 или, в крайнем случае, в 7, она принесёт чистые сорочки прямо в номер.
— Спасибо.
— Точно так же оставляйте вещи для химчистки. В каком номере вы живёте?
— В сто сорок пятом.
— Хорошо. Я записала ваш заказ. Всего доброго.

参考译文

— 我是值班工作人员。您好。
— 请问,在哪里可以找到楼层值班人员?
— 您住在哪层?
— 7层。
— 7层没有值班人员。她在5楼。您可以给她打电话253-21-03或05。
— 05?
— 05 — 是第二个电话的最后两位:253-21-05。
— 喂!我是值班人员。您好。
— 您好。请问,怎样往洗衣房打电话?我需要将衬衫送去洗。
— 您不用往洗衣房打电话。请把衬衫放在地板的袋子里。清扫员会把它们拿到洗衣房,而晚上6点或最迟7点她会将干净的衬衫直接拿回房间。
— 谢谢。
— 要干洗的衣服也同样放置。您住哪个房间?
— 145号房间。
— 好。我记下了。再见。

11、

— Алло. Слушаю вас.
— Здравствуйте. Вы знаете, у нас что-то с замком.
— Не открывается или не закрывается?
— Не закрывается.
— Ваш номер?
— Сто тридцать пятый.
— Я записала. Мастер придёт в течение получаса и починит замок.
— Кстати, у нас перегорела одна лампочка.

Тема 5

— Хорошо, я это тоже запишу. Вам её заменят сегодня же.
— Спасибо.
— Пожалуйста.

参考译文

— 喂。请讲。
— 您好。我们的锁头有问题，
— 是打不开还是锁不上？
— 锁不上。
— 您的房间号？
— 135.
— 我登记了。师傅在半小时内去修锁。
— 顺便说一下，我们的一个灯烧坏了。
— 好，这个我也给您做个登记。今天会给您换灯。
— 谢谢。
— 不客气。

12.

— Ресторан. Слушаю вас.
— Скажите, могу я сейчас заказать обед в номер?
— Пожалуйста. На какое число оформить заказ?
— На сегодня.
— Что будете заказывать?
— Что-нибудь из русской кухни.
— Могу предложить уху и блины с икрой.
— Хорошо. И ещё, пожалуйста, салат из свежих овощей и кофе.
— Кофе чёрный или с молоком?
— Чёрный. И с сахаром, пожалуйста.
— На сколько человек заказ?
— На одного.
— Повторяю ваш заказ: уха, блины с икрой, салат, кофе. В каком номере вы живёте?
— В сто пятьдесят девятом.
— Счёт принесёт официант. Оплата обслуживания включена в счёт. Платить можно и долларами, и рублями по курсу.
— Спасибо. И будьте добры, принесите побыстрее.
— Заказ выполняется в течение часа.

参考译文

— 这是餐厅。请讲。
— 请问,我现在可不可以往房间订餐?
— 请订。订哪天的?
— 今天的。
— 订什么?
— 订俄罗斯风味的。
— 我向您推荐鱼汤和带鱼籽的薄饼。
— 好。还要新鲜水果沙拉和咖啡。
— 清咖啡还是加奶?
— 清咖啡,请加糖。
— 订几个人的?
— 一个人的。
— 重复一下您的订单:鱼汤,带鱼籽的薄饼,沙拉,咖啡。您住哪个房间?
— 159。
— 账单服务员会带给您。服务费含在账单中。可按汇率付美元和卢布。
— 谢谢。劳驾,请快些。
— 预定餐一个小时之内做好。

13.

— Алло.
— Могу я заказать завтрак в номер?
— Пожалуйста. На сегодня?
— Да. Прямо сейчас.
— Что будете заказывать?
— Яичницу, ветчину и колбасу, салат из свежих огурцов, апельсиновый сок, кофе.
— Кофе чёрный или с молоком?
— С молоком.
— Хлеб, булочки, пирожное желаете?
— Да. Только, пожалуйста, поскорее.
— На сколько человек заказ?
— На двоих.
— Повторяю ваш заказ: яичница, ветчина, колбаса, салат, апельсиновый сок, кофе с молоком, хлеб, пирожные. Всё по две порции. В каком номере вы живёте?
— В сто тридцать пятом.

Тема 5

— Завтрак принесут в течение пятнадцати минут.
— Спасибо.
— Пожалуйста.

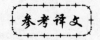

— 喂。
— 我可以订早餐到房间吗?
— 请订。订今天的吗?
— 是的。就现在。
— 订什么?
— 煎蛋,火腿和香肠、鲜黄瓜沙拉、橙汁、咖啡。
— 清咖啡还是加奶?
— 加奶。
— 要面包、圆形面包、甜点心吗?
— 要。只是要快些。
— 订几个人的?
— 两个人。
— 重复一下您的订单:煎蛋、火腿、香肠、沙拉、橙汁、奶咖、面包和甜点心。所有的都来两份。您住哪个房间?
— 135。
— 早餐15分钟之内送到。
— 谢谢。

(Медицинское обслуживание)
— Здравствуйте. Слушаю вас.
— Скажите, пожалуйста, где можно сделать массаж?
— В поликлинике. Она находится на восьмом этаже.
— А позвонить туда можно?
— Да, пожалуйста. Запишите телефон: 253-17-25.
— Простите, я не расслышал.
— Телефон поликлиники: 253-17-25.
— Спасибо.
— Пожалуйста.

(医疗服务)
— 您好。请讲。

— 请问,在哪儿可以做按摩?
— 在诊所。在八楼。
— 可以往那里打电话吗?
— 是的,可以。请记下电话:253-17-25。
— 对不起,我没听清。
— 诊所的电话是:253-17-25。
— 谢谢。
— 不客气。

15

— Поликлиника. Здравствуйте.
— Скажите, пожалуйста, когда можно сделать массаж?
— Какой массаж вы хотите сделать?
— Общий.
— Пожалуйста, приходите в любое время. Сейчас работает Володя.
— Простите, я не понял. Что вы говорите?
— Сейчас работает массажист Володя. Вы к нему ходите?
— Нет, я звоню вам в первый раз.
— А-а, тогда я вас не поняла. Вы можете прийти сейчас.
— До которого часа вы работаете?
— До восьми.
— Простите, а сауна и бассейн сейчас работают?
— В сауну и бассейн нужно записаться на первом этаже.
— Спасибо.
— Пожалуйста.

参考译文

— 这是诊所。您好。
— 请问,什么时间可以按摩?
— 您想做什么按摩?
— 普通按摩。
— 随时可以来。现在工作的沃洛佳。
— 对不起,我没明白。您说什么?
— 现在工作的按摩师是沃洛佳。您经常找他吗?
— 不是,我第一次给你们打电话。
— 呵,那刚才我没听明白。您可以现在来。
— 您们工作到几点?
— 到8点。

Тема 5

— 请问,桑拿室和游泳池现在开业吗?
— 去桑拿室和游泳池需要在一楼登记。
— 谢谢。
— 不客气。

16.

— Поликлиника. Слушаю вас.
— Здравствуйте. Можно вызвать врача?
— Что у вас случилось?
— Заболела моя жена.
— Что с ней?
— У неё болит горло.
— Температура есть?
— Есть. 37,5℃.
— В какой гостинице вы живете?
— «Международная-1».
— В каком номере?
— Сто тридцать пять.
— Врач будет.
— Простите, а когда врач придёт?
— В течение получаса.
— Спасибо.
— Пожалуйста.

参考译文

— 这是诊所。请讲。
— 您好。可以叫医生来吗?
— 发生什么事了?
— 我妻子病了。
— 她怎么了?
— 她嗓子疼。
— 发烧吗?
— 发烧。37.5℃。
— 您住哪个宾馆?
— "第一国际饭店"。
— 哪个房间?
— 135。
— 医生将去。

— 请问,医生什么时候到?
— 半个小时之内。
— 谢谢。
— 不客气。

17、

— Здравствуйте, Олег. Извините, что беспокою вас дома. Боюсь, что нам придётся отменить переговоры, назначенные на завтра.

— А что случилось, Алан?

— Кажется, я заболел. Меня знобит, очень болит голова и горло.

— Да-а, очень жаль. Но вы, пожалуйста, не беспокойтесь. Мы перенесём переговоры. А вам советую пойти к врачу: бережёного бог бережёт. В гостинице на седьмом этаже есть медпункт.

— Да. Пожалуй, я так и сделаю.

(В медпункте Алана сразу принял врач.)

— На что жалуетесь?

— У меня сильно болит голова и горло.

— Сейчас измерим температуру. Вот термометр... Так, 38 и пять. Раздевайтесь, я вас послушаю.

— Ну как, доктор?

— Сердце и лёгкие в порядке. Очевидно, вы где-то простудились. Но ничего страшного нет.

— Слава Богу!

— Несколько дней вам надо побыть дома и не выходить на улицу. Если вам будет хуже, можете вызвать врача на дом. Вот телефон.

— А какие лекарства мне принимать?

— Сейчас я вам выпишу рецепт. Эти лекарства можно купить в нашей аптеке.

— Спасибо, доктор.

— Всего доброго. Поправляйтесь.

参考译文

— 您好,奥列格。对不起,打扰您在家休息了。我担心,我们不得不取消明天的谈判。

— 出什么事了,阿兰?

— 我好像生病了。我发冷,头和嗓子疼。

— 呵,很遗憾。但您不用担心。我们将谈判改期。建议您去看医生:你若小心,上帝也护着你。宾馆七楼有医务室。

— 好的。我去。
（在医务室医生立刻接待了他。）
— 您那儿不舒服？
— 我头和嗓子很疼？
— 现在量一下体温。这是体温表……38.5℃。请脱下衣服,我听一下。
— 医生,怎么样？
— 心脏和肺正常。看来您是感冒了。但没什么大事。
— 谢天谢地！
— 您需要在家呆几天,不要出门。如果感觉不好,可以叫医生到您那儿去。这是电话。
— 那我需要服什么药？
— 现在我给您开药方。这些药在我们药店可以买到。
— 谢谢医生。
— 再见。祝您早日康复。

13.

— Салон-парикмахерская. Здравствуйте.
— Можно сделать маникюр и причёску?
— Какой мастер вас интересует: мужской или женский?
— Женский.
— В какой день вы хотели бы прийти?
— Лучше сегодня.
— Пожалуйста. Оставьте ваш телефон, и когда мастер освободится, мы сразу же вам позвоним.
— 253-21-08. Когда примерно это будет?
— Часа через два.
— Спасибо.
— Пожалуйста.

参考译文

— 这是理发店。您好。
— 可以修指甲和做头型吗？
— 您想要什么样的师傅,男师傅还是女师傅？
— 女师傅。
— 您想要哪天来？
— 今天比较好。
— 好,请留下电话,等师傅有空我们马上给你打电话。
— 253-21-08。这大概到什么时候？

— 大约两小时后。
— 谢谢。
— 不客气。

19.

— Что вы хотите?
— Мне нужно постричься.
— Не хотите уложить феном?
— Да, пожалуйста.
— Вот и всё. Вам нравится?
— Да, вполне.
— С вас 850 рублей.
— Где я могу заплатить?
— Можно мне.
— Благодарю вас. Вот 900 рублей. Сдачи не надо.

参考译文

— 您想做什么？
— 我要剪头。
— 想吹风吗？
— 是的，想。
— 好啦。您喜欢吗？
— 是的，很喜欢。
— 请付850卢布。
— 在哪儿付款？
— 给我就可以。
— 谢谢。这是900卢布。不用找零。

20.

— Добрый день. Я хотел бы постричься.
— Добрый день. Сейчас все мастера заняты. Подойдите, пожалуйста, к администратору.

(У администратора)

— К кому вас записать?
— Простите, я вас не понял.
— К какому мастеру вы хотите записаться?
— А к кому вы посоветуете? Я здесь никого не знаю: я у вас первый раз.
— У нас все мастера хорошие. На какое число вас записать?
— Я хотел бы постричься сейчас: сегодня у меня есть свободное время.

Потом я буду занят.

— Подождите минуточку. Я узнаю: может быть, кто-нибудь из мастеров вас возьмёт.

— Проходите. Садитесь вот в это кресло. Какую стрижку вы хотите? Могу предложить вам альбом моделей.

— Нет-нет, спасибо. Я хотел бы оставить ту же форму. Только сделайте немного короче.

— Голову будем мыть?

— Нет, у меня волосы чистые. И потом я пользуюсь специальным шампунем.

— Вы не торопитесь? Я работаю медленно. Знаете, поспешишь — людей насмешишь.

— Это правильно. Да, прошу вас: только не очень коротко.

— У вас хорошие волосы: послушные и даже немного вьются.

— Спасибо за комплимент. В моём возрасте хорошо, что они вообще есть!

— У вас есть седые волосы. Но это не страшно: седина украшает мужчину. Феном уложить?

— Да. Пробор сделайте справа, пожалуйста.

— Ну вот, всё готово. Вам нравится?

— Большое спасибо. Это как раз то, что я хотел.

— Заходите ещё. До свидания.

参考译文

— 您好。我想剪头。
— 您好。现在所有的师傅都忙着。请找一下负责人。

(在负责人处)

— 您要登记哪个师傅?
— 对不起,我没听明白。
— 您想登记哪个师傅?
— 您建议我登记哪个师傅? 我在这里谁也不认识:我第一次来。
— 我们这儿所有的师傅都很好。您想登记在哪天?
— 我想现在就剪:今天我有时间。以后我就忙了。
— 稍等。我看一下,有可能某个师傅可以给您剪。
— 请进。坐在这个椅子上。您想怎么剪? 我可以给您看一下发型册。
— 不用、不用,谢谢。我想保留原来的发型。只是剪短些。
— 洗头吗?
— 不洗,我头发干净。而且我使用专门的洗发水。

——你不着急吧？我剪得慢。您知道，欲速则不达。
——这是正确的。请开始，只是不要太短。
——您头发真好：很听话，还有点卷曲。
——多谢恭维。在我这个年龄还有头发就不错了。
——您有白头发。但这并不可怕，因为银发可以美化男士。用吹风机定型吗？
——是的。请在右侧分缝。
——做好啦。您喜欢吗？
——多谢。这正是我想要的。
——欢迎下次光临。再见。

21、

— Добрый день. Мы хотели бы заказать машину.
— Пожалуйста. На какой день?
— На воскресенье, двадцатое июня.
— Фамилия?
— Алан Стаффорд.
— В каком номере вы живёте?
— В сто пятьдесят девятом. Машину заказываете с водителем?
— Нет, я сам буду за рулём.
— На сколько часов заказываете машину?
— С девяти утра до десяти вечера.
— Куда поедете?
— За город. И, если можно, нам нужен «Мерседес».
— Хорошо. Стоимость аренды автомобиля без водителя — двенадцать долларов в час. Ключи от машины и документы получите здесь. Мы работаем круглосуточно.
— Я хотел бы оформить всё прямо сейчас.
— Заполните вот этот бланк. Готово? Распишитесь вот здесь. Вот документы и ключи. Счастливого пути и приятного отдыха.

参考译文

——你好。我们想预订车。
——请。预定哪天？
——周日，6月20日。
——姓什么？
——阿兰·斯塔福尔德。
——住哪个房间？
——159。预订带司机的车吗？

Тема 5

— 不用，我自己开。
— 订几个小时？
— 从早9点到晚10点。
— 去哪儿？
— 郊外。如果可以，我们需要一辆奔驰。
— 没有司机的租车费是每小时12美元。车钥匙和证件请在这里领取。我们昼夜工作。
— 我想现在把一切都办好。
— 填好这个表格。准备好了吗？请在这儿签字。这是证件和钥匙。祝旅途顺利，休息愉快。

22.
— Транспорт-сервис. Слушаю вас.
— Могу я заказать машину?
— Пожалуйста. Ваша фамилия.
— Дэвис.
— В каком номере живёте?
— В сто тридцать пятом.
— Машину с водителем?
— Да, пожалуйста.
— Какую машину заказываете?
— «Тойоту».
— На какое время?
— С восемнадцати до двадцати трёх.
— Куда ехать?
— В Большой театр и обратно.
— Стоимость аренды автомобиля двенадцать долларов в час. В семнадцать тридцать мы позвоним вам в номер.
— Спасибо.

参考译文

— 这是汽车服务部。请讲。
— 我可以预订车吗？
— 请。您的姓名。
— 戴韦斯。
— 在哪个房间住？
— 135。
— 带司机吗？

— 是的。
— 想订什么车?
— "丰田"
— 租多长时间?
— 从18点到23点。
— 去哪儿?
— 往返大剧院。
— 汽车租赁费每小时12美元。17点30分我们会往您房间打电话。
— 谢谢。

Тема 6
Деловые беседы
公务交谈

1.
— Можно поговорить с Антоновой Ириной Владимировной.
— Простите, а кто она?
— Она работает у вас старшим экспертом.
— Минуточку.

参考译文
— 可以与伊丽娜·弗拉基米洛夫娜·安东诺娃谈谈吗？
— 请问，她是做什么的？
— 她是高级专家。
— 稍等。

2.
— С кем вы сотрудничаете?
— С российскими и финскими фирмами.
— Что вы им поставляете?
— Сырьё и металлургическое оборудование.

参考译文
— 你们与谁合作？
— 与俄罗斯和芬兰公司合作。
— 你们向他们提供什么？
— 原料和冶金设备。

3.
— Здравствуйте! Как дела?
— Прекрасно! А у вас?
— Спасибо. У меня тоже очень хорошо.
— Извините, бухгалтер у себя?
— Нет, его нет. Он у директора.

> 参考译文

— 您好！近来怎样？
— 很好！那您呢？
— 谢谢。我一切都好。
— 请问，会计在吗？
— 没有，他没在。他在经理那里。

4.
— В каком отделе вы работаете?
— Я работаю в отделе кадров.
— Чем вы там занимаетесь?
— Я занимаюсь кадрами.

> 参考译文

— 您在哪个部工作？
— 我在人事部工作。
— 您具体做什么工作的？
— 做人事工作。

5.
— Простите, вы из какой фирмы?
— Из фирмы «Нокиа».
— А из какого вы отдела?
— Я из коммерческого отдела.

> 参考译文

— 请问，您来自哪家公司？
— 来自"诺基亚"。
— 哪个部门的？
— 经营部。

6.
— Здравствуйте!
— Добрый день!
— Скажите, пожалуйста, какой ваш мобильный телефон?
— 361-54-88 (триста шестьдесят один, пятьдесят четыре, восемьдесят восемь).

Тема 6

— Какой? Повторите, пожалуйста.
— Пожалуйста: 361-54-88. А какой ваш адрес и факс?
— Вот моя визитная карточка. Здесь есть всё.
— Большое спасибо. А вот моя. До свидания!
— Всего хорошего!

参考译文

— 您好!
— 您好!
— 请问,您的手机号是多少?
— 361-54-88。
— 什么号? 请重复一下。
— 好:361-54-88。那您的地址和传真是什么?
— 这是我的名片。这里什么都有。
— 谢谢。这是我的名片。再见!
— 再见。

7.

— Наташа, здравствуйте! Очень рада видеть вас снова. Как дела?
— Прекрасно, спасибо, Татьяна. А как у вас?
— Спасибо, тоже хорошо. Всё в порядке. Что вы думаете о бизнес-форуме?
— По-моему, очень интересно, не правда ли?
— Да, очень полезно. Можно познакомиться с разными людьми. Как дела у Бориса? Он по-прежнему работает в отделе сбыта?
— К сожалению, не знаю. Я больше не работаю с ним. Я теперь в отделе кадров, работаю с Антоновой Анной Дмитриевной.
— Правда?! И когда вы начали работать там?
— Неделю назад.
— Ну и как?
— Очень хорошо. Я занимаюсь там только персоналом. А вы где, всё там же?
— Да, в фирме «Нокиа», в отделе маркетинга.

参考译文

— 娜塔莎,您好! 很高兴又见到您。最近怎么样?
— 很好,谢谢,塔季扬娜。您怎么样?
— 谢谢,也很好。一切正常。您认为商务论坛怎么样?
— 我觉得非常有意义,不是这样吗?
— 是的,很有意义。可以认识各种各样的人。鲍里斯怎么样? 他还在销售部工作吗？

——很遗憾,我不知道。我不再与他一起工作。我现在在人事部,与安娜·德米特里耶芙娜·安东诺娃一起工作。

——真的?！那您什么时候开始在那儿工作的？

——一周前。

——怎么样？

——很好。我在那里只做人事工作。那您在哪里工作,一直在那儿吗？

——是的,在"诺基亚"公司,在营销部。

8

— Алло, позовите, пожалуйста, менеджера Тихонова Владимира Николаевича.

— Я слушаю. Кто это говорит?

— Здравствуйте. Это Ли Хуа.

— Здравствуйте, господин Ли. Где вы сейчас? Здесь, в Москве?

— Нет, звоню из Пекина.

参考译文

——喂,请叫一下业务经理弗拉基米尔·尼古拉耶维奇·吉洪诺夫。

——我就是。您是谁？

——您好。我是李华。

——您好,李先生。您现在在哪儿？在这里,在莫斯科？

——不,我从北京打的电话。

9

— Алло, здравствуйте. Позовите, пожалуйста, госпожу Егорову Ирину Александровну.

— Подождите минутку.

— Слушаю вас. С кем я говорю?

— Это представитель фирмы «Нокиа» Ван Линь.

参考译文

——喂,您好。我找伊丽娜·亚历山大洛夫娜·叶戈罗娃女士。

——稍等。

——喂。您是哪位？

——我是"诺基亚"公司的代表王林。

10

— Алло, доброе утро. Можно попросить директора?

Тема 6

— Извините, а кто его спрашивает?
— Это говорит представитель фирмы «Нокиа» Ван Линь.
— Пожалуйста, не кладите трубку.
— Слушаю вас.
— Здравствуйте. Это Ван Линь.

参考译文

— 喂,早上好。可以叫一下经理吗?
— 请问,谁找他?
— 我是"诺基亚"公司的代表王林。
— 请不要挂电话。
— 喂。
— 您好。我是王林。

Ⅲ.

— Алло, здравствуйте!
— Фирма «Элкат». Добрый день! Слушаю вас.
— Можно поговорить с генеральным директором, господином Соколовым?
— Представьтесь, пожалуйста.
— Извините. Я главный инженер завода «Москабель» Васильев.
— К сожалению, директора сейчас нет. Позвоните завтра.
— Как жаль! А с кем я могу поговорить сегодня?
— С его заместителем — коммерческим директором.
— Хорошо. А как его зовут?
— Коммерческого директора зовут Тихонов Александр Владимирович.
— Спасибо. Соедините, пожалуйста, с ним.
— Пожалуйста.

参考译文

— 喂,您好!
— "埃尔卡特"公司。您好! 请讲。
— 可以与总经理索科洛夫先生通话吗?
— 请报一下姓名。
— 对不起。我是"莫斯科电缆厂"总工程师瓦西里耶夫。
— 很遗憾,经理不在。请明天打电话吧。
— 很遗憾! 那今天我可以与谁通话?
— 与副总经理 — 商务经理。

— 好。他叫什么?
— 商务经理叫亚历山大·弗拉基米洛维奇·吉洪诺夫。
— 谢谢。请给我接他。
— 好。

12.

— Тамара, ты ещё не ела?
— Нет, ещё не обедала.
— Иди обедать!
— Но у меня ещё много работы.
— Работы всегда много. А что ты утром делала?
— Всё утро я делала то, что просил директор...

参考译文

— 塔玛拉,你还没吃饭吧?
— 没吃,还没吃。
— 去吃饭吧!
— 但我还有很多工作。
— 工作总是有很多。那你早上干什么了?
— 我整个早上都做经理安排的工作啦……

13.

— Простите, где можно взять ваши рекламные материалы? Я хочу познакомиться с вашими стройматериалами.

— Вот, пожалуйста, возьмите, прочитайте. Вы можете увидеть, что наша продукция самая современная и экологичная. А здесь можно посмотреть каталоги и образцы.

— Спасибо. Много было клиентов?

— Да, на выставке мы заключили 10 крупных контрактов. Кажется, это всё, что я хотел вам показать.

— Благодарю. Желаю вам успехов. Извините, а сейчас нам хотелось бы посмотреть стенды других фирм.

参考译文

— 请问,在哪可以拿到你们的广告资料?我想了解一下你们的建筑材料。
— 给您,请拿好,请阅读。您会发现,我们的产品最现代,最环保。而这里可以看到目录和样品。
— 谢谢。你们的客户很多吗?

— Да, на выставке мы подписали 10 крупных контрактов. Кажется, это все материалы, которые я хотел вам показать.
— Спасибо. Желаю удачи. Извините, сейчас мы хотели бы посмотреть стенды других фирм.

14.
— Извините, откуда я могу позвонить?
— Там, на первом этаже есть телефон.
— Господин Петров, у вас нет телефонной карточки?
— Вам не нужна телефонная карточка. Вы можете позвонить бесплатно.
— Прекрасно! Спасибо.

参考译文

— 请问,在哪儿可以打电话?
— 在那儿,一楼有电话。
— 彼得罗夫先生,您有电话卡吗?
— 您不需要电话卡。您可以免费打。
— 太好了! 谢谢。

15.
— Завтра к нам в офис придёт представитель фирмы «Хорн». От этого визита многое зависит. Может быть, мы будем заключать с этой фирмой новый контракт. Это будет выгодно, если они согласятся на наши условия.
— А какие это условия?
— Они будут оплачивать часть транспортных расходов, а мы будем продавать сырьё по минимальной цене. Завтра мы будем обсуждать эти проблемы. После обеда поедем на наш завод. Там можно будет показать гостю образцы нашей продукции.

参考译文

— 明天"霍思"公司的代表会来办公室。很多事情取决于这次来访。可能我们将与这个公司签订新的合同。如果他们同意我们的条件,将会有很大利益。
— 什么条件?
— 他们将支付部分运输费,而我们按最低价卖给他们原料。明天我们将讨论这些问题。午饭后我们去我们的工厂。在那儿可以向客人展示我们的产品样品。

16.
— Алло!
— Здравствуйте! Я хотел бы встретиться с вами, чтобы обсудить вопросы возможного сотрудничества. Нас интересуют ваши новые модели.

— Давайте встретимся завтра. Когда вам удобно?
— Утром.
— Я встречу вас у входа в наш павильон в 10 часов. Это павильон номер 6. Хорошо?
— Хорошо. До встречи!

参考译文

— 喂！
— 您好！我想见您，我们讨论一下可能合作的问题。你们的新型产品我们很感兴趣。
— 我们明天见吧。您什么时候方便？
— 早晨。
— 10点钟我在我们展厅的入口接您。我们是6号展厅。好吗？
— 好的。再见！

17、

— Год назад мы построили новый нефтяной терминал и хотели построить ещё один.
— Когда вы построите его?
— Хотели через год. Уже планировали подписать контракт со строительным концерном. Но кризис изменил все наши планы.
— Что теперь будете делать?
— Не знаю, посмотрим.
— Ничего. Найдёте другого партнёра, подпишете с ним контракт. Он повысит качество строительства, вы понизите стоимость проекта.
— Поживём — увидим.

参考译文

— 一年前我们建造了一座新的石油转运基地，并且想再建造一座。
— 什么时候能建成？
— 当时打算一年后建成。已经计划与建筑康采恩签订合同了。但危机改变了我们的计划。
— 现在你们打算怎么办？
— 不知道，再看看吧。
— 没关系。再找一个伙伴，和他签订合同。如果他会提高建筑质量，你们就能降低项目成本。
— 走着看吧。

Тема 6

18.
— Расскажите о ваших планах. Что вы будете делать в следующем году?
— Мы будем модернизировать производство.
— А что вы будете делать, когда модернизируете производство?
— Когда мы модернизируем производство, то начнём выпускать новую продукцию.
— Что вы будете делать в следующем месяце?
— Мы будем выпускать новую продукцию.
— Какой вы ожидаете результат?
— Когда мы выпустим новую продукцию, то увеличим товарооборот. Мы думаем, что прибыль будет составлять 200 тысяч рублей.

参考译文
— 请讲一讲你们的计划。明年你们打算做什么?
— 我们要使生产现代化。
— 那当生产现代化后你们将做什么?
— 现代化后我们将开始生产新产品。
— 你们期待什么样的成果?
— 当我们生产出新产品时,就能增加商品流通。我们认为,利润将是20万卢布。

19.
— Здравствуйте. Я представитель фирмы «Смит и Кауфман». Моя фамилия Добсон.
— Здравствуйте, господин Добсон.
— Господин Котов у себя?
— К сожалению, его сейчас нет. Он на совещании. У вас с ним назначена встреча?
— Встреча назначена на среду. Но он обещал мне оставить для меня новые рекламные материалы и прейскурант.
— Минуточку, я сейчас посмотрю. Да, вот они. Пожалуйста.
— Спасибо. И будьте добры, передайте ему эти материалы для переговоров. Думаю, ему будет интересно ознакомиться с ними.
— Хорошо. Я всё передам Виктору Сергеевичу сегодня же.
— Прекрасно. Всего доброго.
— До свидания, господин Добсон.

> **参考译文**

— 您好,我是"斯密特和考夫曼"公司的代表。我姓多布松。
— 您好,多布松先生。
— 科托夫在吗?
— 很可惜,他现在不在。他在开会。您和他约定见面了吗?
— 约定周三见面。但他答应我给我留下新的广告资料和价目表。
— 稍等,我看一下。是的,在这里。给您。
— 谢谢。劳驾,请将这些谈判资料转交给他。我想,他有兴趣了解一下。
— 好。我今天会把一切转交给维克多·谢尔盖耶维奇。
— 太好了。再见。
— 再见,多布松先生。

20.

— Добрый день. Это говорит секретарь президента. Будьте добры Ольгу Васильевну.
— Одну минуту, я сейчас её позову.
— Слушаю вас, Марина. Что-нибудь срочное?
— Да, Ольга Васильевна. Нужно сегодня отправить в Лондон очень важное письмо. Это личная просьба Виктора Сергеевича.
— Вообще-то, мы уже всю почту упаковали... Так. Давайте сделаем вот что. Я пока заполню для вас квитанцию, зарегистрирую письмо и распакую пакет, а вы быстрее приносите письмо.
— Спасибо, Ольга Васильевна. Прямо гора с плеч.
— Почту могли увезти за минуту до вашего звонка. Ну, всё хорошо, что хорошо кончается. Спускайтесь, жду вас.
— Ещё раз спасибо. Бегу.

> **参考译文**

— 您好。我是董事长秘书。请找一下奥莉加·瓦西里耶夫娜。
— 稍等,我马上叫她。
— 喂,玛丽娜,有什么急事吗?
— 是的,奥莉加·瓦西里耶夫娜。需要今天往伦敦寄一封很重要的信。这是维克多·谢尔盖耶维奇亲自安排的。
— 我们所有的邮件已经包装完了……这样吧,我们现在这样做。我先替你填单、登记、打开函件包装,而您赶快把信拿来。
— 谢谢,奥莉加·瓦西里耶夫娜。这下我就轻松了。
— 本来邮件在您打电话前马上就要拿走的。结果好就好。下楼吧,我等您。

Тема 6

— 再次感谢,我马上下去。

21.

— Добрый день. Светлана Алексеевна. Мне нужно напечатать вот это письмо.
— Здравствуйте, Иван Михайлович. Я могу принять эту работу на четверг.
— Нет-нет, что вы! Это срочное письмо! Я должен сразу отнести его президенту на подпись.
— У вас всегда так: на охоту ехать — собак кормить! Раньше надо было принести.
— Ну я вас очень прошу! Светлана Алексеевна, пожалуйста!
— Ну, хорошо. Сколько здесь страниц?
— Две страницы от руки.
— Через сколько интервалов печатать?
— Через два интервала.
— Сколько экземпляров?
— Три.
— Хорошо, приходите через час.
— Спасибо, Светлана Алексеевна. Вы меня очень выручили.

参考译文

— 您好,斯韦特兰娜·阿列克谢耶夫娜。我需要打出这封信。
— 您好,伊凡·米哈伊洛维奇。我周四可以给您打。
— 不,不,这样不行!这是封急信!我必须将这封信马上拿给董事长签字。
— 您总是这样:现上轿,现扎耳朵眼儿。应该早点拿来。
— 求求您了!斯韦特兰娜·阿列克谢耶夫娜,给我打吧!
— 好吧。几页呀?
— 手稿两页。
— 行距多少?
— 两倍。
— 要几份?
— 3份。
— 好。一小时后来取。
— 谢谢,斯韦特兰娜·阿列克谢耶夫娜。您可把我救了。

22.

— Наташа, кто-нибудь звонил мне, пока меня не было?
— О да! Телефон звонил не умолкая. Во-первых, звонил инспектор из таможни. Сказал, что нужно срочно переоформить документы.

— Да-а-а, заварил Андрей кашу, теперь придётся расхлёбывать. Ещё кто-нибудь звонил?

— Да. Звонили из Московского международного банка.

— Интересно, что там у них?

— Они сообщили, что счета венгерской фирмы, которая должна была перевести нам деньги, заморожены.

— Та-а-ак. Как у вас говорят, беда не приходит одна! Что ещё?

— Потом звонил Иванов из АО «Энергия» и просил перенести завтрашнюю встречу с 10 часов на другое время, если удобно.

— И что вы ответили?

— Сказала, что вы сами перезвоните, когда приедете.

— Так, хорошо. А что у меня на завтра?

— В 11.00 — совещание директоров, в 12.30 — переговоры в транспортном агентстве, в 14.00 — у вас назначена встреча с господином Казаряном из Еревана.

— Пожалуй, можно договориться с Ивановым на 4 часа. Перезвоните ему, пожалуйста. А что у нас с почтой?

— Вот факс из Нью-Йорка.

— Так, понятно. Зайдите ко мне минут через 15 минут, я продиктую ответ. Я хочу, чтобы вы сразу же напечатали и отправили его.

— Хорошо, я как раз скоро закончу печатать отчёт и потом займусь письмом в Нью-Йорк.

— Нет-нет, отложите отчёт, это не так срочно. В первую очередь нужно отправить ответ в Нью-Йорк. Жду вас через 15 минут.

— Хорошо.

参考译文

— 娜塔莎,刚才我没在时,有人给我打过电话吗?

— 哦,是的! 不停地打电话。先是海关监察员打来电话。说需要重新办理文件。

— 是啊,安德烈这下惹下麻烦了。还有人打电话吗?

— 是的。还有莫斯科国际银行的电话。

— 很有意思,他们有什么事?

— 他们通知,应该给我们汇钱的匈牙利公司的账户被冻结了。

— 是这样。像你们常说的,祸不单行啊! 还有什么?

— "能源"股份公司的伊凡诺夫打来电话说,如果可以,把明天的会晤从10点改到其他时间。

— 您是怎么回答的?

Тема 6

— 我说等您回来,您给他回话。
— 好。我明天的计划是什么?
— 11 点——经理会,12 点 30——运输代办处谈判,14 点——您约见来自埃里温的卡扎良先生。
— 这样吧,可以与伊凡诺夫先生 4 点见面。给他回个话。有邮件吗?
— 这是纽约来的传真。
— 一切清楚了。15 分钟后到我这里来,我口述答复。我想让你立刻打出来并发走。
— 好,我正好马上打完报表,然后就打发往纽约的信。
— 不,不,把报表先放一放,这个不用急。先把答复发往纽约。15 分钟后等您。
— 好。

23

— «Информреклама».
— Я хотел бы поговорить с директором фирмы.
— К сожалению, его сейчас нет. Я могу соединить вас с заместителем директора.
— Хорошо.
— Минуту.

参考译文

— 这是"信息广告"公司。
— 我想与公司经理通话。
— 很遗憾,他现在没在。我可以给您接副经理。
— 好。
— 稍等。

24

— Здравствуйте.
— Здравствуйте.
— Могу я видеть директора господина Петрова?
— Директора сейчас нет. А кто вы?
— Я представитель фирмы «Океан» господин Браун. Вот моя визитная карточка.
— Очень приятно.
— А когда будет директор?
— Иван Андреевич будет только завтра в десять часов.
— Как жаль! А с кем я могу поговорить?
— Сейчас вы можете поговорить с его заместителем.

— Хорошо. А как его зовут?

— Заместитель директора — Соколов Игорь Сергеевич. Пройдите, пожалуйста, в его кабинет. Пятый этаж, комната 517.

— Спасибо. До свидания.

— До свидания.

— 您好。

— 您好。

— 我可以见彼得罗夫先生吗?

— 经理没在。您是哪位?

— 我是"太平洋"公司的布劳恩。这是我的名片。

— 很高兴。

— 经理什么时候在?

— 伊凡·安德烈耶维奇到明天10点才能在。

— 很遗憾!我可以和谁谈一谈?

— 现在您可以与副经理谈。

— 好吧!他叫什么?

— 副经理是伊戈尔·谢尔盖耶维奇·索科洛夫。请到他办公室。5楼,517房间。

— 谢谢。再见。

— 再见。

25.

— Алло.

— Здравствуйте. Можно попросить директора предприятия господина Александрова?

— А кто это говорит?

— С вами говорит представитель фирмы «Апполон» господин Браун.

— Хорошо, сейчас, соединю вас.

— Здравствуйте, господин Браун.

— Здравствуйте, господин Александров. Наша фирма хочет закупить у вас медицинское оборудование. Я хотел бы с вами встретиться для предварительного разговора. Где и когда мы могли бы встретиться?

— Сегодня я, к сожалению, занят и не могу встретиться с вами. Вы свободны завтра в 11 часов?

— Да, я свободен. А где мы можем встретиться?

— Приходите ко мне в кабинет, пожалуйста. Вы знаете, где находится на-

Тема 6

ше предприятие?

— Нет, не знаю.

— Мичуринский проспект, дом 27. Мой кабинет находится на втором этаже, комната 203. Жду вас.

— Спасибо, до свидания.

— До свидания. До встречи завтра в одиннадцать часов.

参考译文

— 喂。
— 您好。可以叫一下企业经理亚历山德洛夫先生吗?
— 您是哪位?
— 我是"阿波罗"公司的代表布劳恩先生。
— 好,马上给您接。
— 您好,布劳恩先生。
— 您好,亚历山德洛夫先生。我公司打算购买你们的医疗设备。我想跟您见面先谈一下。什么时候在什么地方我们能见面?
— 很遗憾,今天我忙,不能见您。您明天11点有时间吗?
— 是的,有。那我们在哪儿见?
— 请到我办公室来。您知道我们企业的位置吗?
— 不知道。
— 米丘林大街,27号楼。我办公室在二楼,203房间。等您。
— 谢谢,再见。
— 再见。明天11点见。

20.

— Алло.
— Это выставка?
— Да. Слушаю вас.
— Роберт Дэвис. Могу я поговорить с директором?
— Его сейчас нет на месте.
— А когда он будет?
— Часа через два. Что ему передать?
— Спасибо. Ничего. Я позвоню ещё раз.
— В какое время?
— Около часа.
— С часу до двух у нас обед.
— Тогда я позвоню в половине третьего — в три.
— Хорошо. В это время директор обычно бывает на месте.

— До свидания.
— Всего доброго.

参考译文

— 喂。
— 这是展览会吗？
— 是的。请讲。
— 我是罗伯特·戴维斯,我可以与经理通话吗？
— 他现在不在。
— 那他什么时候能在？
— 再过2个小时左右。有什么需要转达的吗？
— 谢谢。没什么要转达的。我再给他打。
— 什么时候？
— 1点左右。
— 1~2点我们吃午饭。
— 那我2点30~3点钟打。
— 好。这时经理通常都在。
— 再见。
— 再见。

27、

— Фирма «Инторг». Здравствуйте.
— Добрый день. С вами говорит Роберт Дэвис.
— Здравствуйте, господин Дэвис.
— Я хотел бы поговорить с директором, он у себя?
— К сожалению, он сейчас занят. У него совещание.
— А когда он освободится?
— Думаю, около двух.
— Вы не могли бы передать ему, что я звонил?
— Да-да, конечно. Вы ещё позвоните сегодня?
— Да, в начале третьего.
— Я ему всё передам.

参考译文

— 这是"国际贸易"公司。您好。
— 您好。我是罗伯特·戴维斯。
— 您好,戴维斯先生。
— 我想与经理通话,他在吗？

— 很遗憾,他现在忙。他在开会。
— 他什么时候有空?
— 我想,2点左右。
— 您能向他转达说我给他打过电话吗?
— 当然可以。您今天还打吗?
— 是的,2点钟一过就打。
— 我向他转达一切。

28.

— Алло! Здравствуйте. Я хотел бы поговорить с заместителем директора выставки.
— Замдиректора слушает.
— Разрешите представиться: меня зовут Роберт Дэвис.
— Очень приятно. Зайцев Игорь Дмитриевич.
— Я буду представлять на вашей выставке фирму «Максвелл». Вы уже получили наши проспекты?
— Да, получили.
— Мне хотелось бы обсудить с вами некоторые вопросы. Я могу к вам приехать?
— Когда вам удобно?
— Если можно, прямо сейчас.
— Пожалуйста. Приезжайте в любое время.
— Спасибо. Я буду у вас в течение часа.
— Рад буду познакомиться с вами лично.

参考译文

— 喂!您好。我想与展览会副经理通话。
— 我就是。
— 请允许自我介绍一下。我是罗伯特·戴维斯。
— 很高兴。伊戈尔·德米特里耶维奇·扎伊采夫。
— 我要在你们的展览会上展示"马克斯韦尔"公司。您已经收到我们的说明书了吗?
— 是的,收到了。
— 我想和您谈几个问题。我能到您这里来吗?
— 您什么时候方便?
— 如果可以就现在吧。
— 好吧。请随时过来。
— 谢谢。我将在1小时之内到。

— С вами相识我将很高兴。

29.

— Алло! Скажите, пожалуйста, инженер Грибов на месте?
— Да, я вас слушаю.
— Очень хорошо, что я вас застал. Это говорит Роберт. Роберт Дэвис. Фирма «Максвелл».
— Здравствуйте, господин Дэвис.
— Господин Грибов, я хотел бы приехать с одним нашим специалистом посмотреть, как продвигается дело.
— В какой день вам удобно?
— Если можно, завтра утром.
— Пожалуйста. Я буду здесь с девяти утра и встречу вас.
— Спасибо. Я хочу познакомить вас со своим коллегой, который теперь будет заниматься нашей экспозицией. Он знает толк в этом деле.
— Рад буду познакомиться с ним.
— Ну что ж, тогда до завтра.
— До свидания.

参考译文

— 喂！请问格里博夫工程师在吗？
— 在，我就是。
— 我赶上您在，太好了。我是罗伯特。罗伯特·戴维斯。"马克斯韦尔"公司的。
— 您好，戴维斯先生。
— 格里博夫先生，我想和我们的专家去看一看，事情进展得怎么样了。
— 您哪天方便？
— 如果可以的话，明天早晨。
— 好吧。从早9点我将在这里迎接您。
— 谢谢。我想把您介绍给我的同事，他现在将做展品的陈列工作。这方面他很懂行。
— 我将很高兴与他相识。
— 那好，明天见。
— 再见。

30.

— Алло. Здравствуйте. Могу я поговорить с господином Дэвисом?
— Я у телефона.
— Добрый день. Мы с вами не знакомы. Моя фамилия Буров. Мне поручено сопровождать вас завтра в аэропорт.

— Очень приятно. Здравствуйте. Где и когда мы можем с вами встретиться?
— Как вам удобно.
— Тогда я могу позвонить вам завтра в три. Вам это удобно?
— Вполне. Я буду на месте с половины третьего.
— Отлично. Тогда до завтра.
— Всего доброго. До завтра.

参考译文

— 喂。您好。我能与戴维斯先生通话吗？
— 我就是。
— 您好。我和您不认识。我姓布罗夫。明天送您去机场的任务交给我了。
— 很高兴。您好。在哪里，什么时候我们见面？
— 看您方便。
— 那明天3点我给您打电话。您方便吗？
— 方便。我2点半准时恭候您。
— 好。那明天见。
— 再见。明天见。

31、

— Алло.
— Будьте добры Леонида Фёдоровича Бурова.
— Я слушаю.
— Простите, я вас не узнал. Это говорит Роберт Дэвис.
— Здравствуйте, господин Дэвис. Я как раз жду вашего звонка.
— Я обещал позвонить в три, а сейчас уже начало четвёртого. На Садовом кольце была пробка.
— Ничего страшного: сейчас только пять минут четвёртого.
— У вас ничего не изменилось?
— Нет-нет. Я готов с вами встретиться.
— Прекрасно.
— Где вы сейчас находитесь?
— Я звоню вам снизу, из четвертого подъезда.
— Я спущусь через пять минут.
— Машина стоит прямо у подъезда. Номер вы знаете?
— Да, у меня записано.
— Мы не опаздываем?
— Нет, не волнуйтесь. До аэропорта ехать минут сорок - сорок пять, а у нас ещё целых три часа. Всё в порядке.

— Ну и чудесно. Жду вас.

参考译文

— 喂。
— 请叫列昂尼德·费奥多洛维奇·布罗夫。
— 我就是。
— 对不起,我没听出你的声音。我是罗伯特·戴维斯。
— 您好,戴维斯先生。我正好在等您的电话。
— 我答应3点给您打电话,而现在已经过3点了。刚才在"花园环路"上塞车了。
— 没关系:现在才3点5分。
— 您那儿没什么变化吧?
— 没有,没有。我已准备好与您见面。
— 好。
— 您现在在哪儿?
— 我在楼下给您打电话,从4号门打的。
— 5分钟后我下楼。
— 汽车就停在门口。车号您知道吗?
— 是的,我记下来了。
— 我们没迟到吧?
— 没有,别着急。40~45分钟可到达飞机场,而我们还有整整3个小时。一切正常。
— 太好了。等您。

32、

— Уважаемые господа! В результате исследования, проведённого нашим отделом маркетинга, мы пришли к выводу, что новые модели приборов, разработанные АО «Оптика», будут пользоваться устойчивым спросом в течение ближайших 5-10 лет, а объём продажи может составлять до 200 миллионов долларов в год. Мы считаем производство этих приборов очень перспективным делом и готовы взять на себя сбыт продукции через нашу торговую сеть.

— Звучит заманчиво. Но для производства новых моделей необходимо провести модернизацию главного цеха на заводе «Прибор».

— Мы понимаем, что вы остро нуждаетесь в средствах. Наша фирма могла бы вложить в это предприятие 2 миллиона долларов.

— О предложениях нашего акционерного общества скажет господин Седов, коммерческий директор.

— Акционерное общество «Оптика» предлагает в качестве своего вклада в

Тема 6

уставный капитал СП технологические разработки — «ноу-хау». Кроме того, мы берём на себя переоборудование двух цехов на заводе «Прибор». По предварительным подсчётам вклад АО составит около 5 миллиардов рублей, или около 2,5 миллионов долларов. Технический проект переоборудования цехов готов, можете с ним ознакомиться.

— Ну что ж, предлагаю одобрить идею создания СП и поручить специалистам составить детальный проект и подготовить договор. Все согласны? Тогда будем считать заседание Совета закрытым.

参考译文

— 尊敬的先生们！通过我们营销部研究的结果,我们得出以下结论:"光学设备"股份公司所研制的新型仪器在最近5～10年将享有很稳定的需求,而销售额可达到每年2亿美元。我们认为生产这些仪器前景非常好并准备通过我们的贸易网承担产品的营销工作。

— 听起来很诱人。但要想生产新型仪器必须使"仪器"工厂的主要车间现代化。

— 我们明白,你们非常需要资金。我公司可以给这个企业投资200万美元。

— 商务经理谢多夫先生将向你们谈我们股份公司的方案。

— "光学设备"股份公司作为合资企业的法定资本投资方负责工艺研制——"诺浩"(专有技术)。此外,我们还承担"仪器"工厂两个车间的设备重装工作。根据初步计算,股份公司投资为大约50亿卢布,或约250万美元。重新安装车间设备的技术方案已准备好,您可以了解一下。

— 好吧,我同意建合资企业,并安排专家写出详细方案并准备好协议。大家都同意吧？那这次委员会会议就开到这里。

33.
— Доброе утро. Меня зовут Соколов Александр Владимирович. Я начальник кадров. Вы Василий Крылов?

— Да, это я. Здравствуйте.

— Вы хотите у нас работать? А что вы знаете о нашей фирме?

— Я знаю, что ваша фирма «Комфорт» — это крупная ремонтно-строительная компания. Вы начали работать на российском рынке 5 лет назад. Вы производите и продаёте стройматериалы, занимаетесь ремонтом и строительством.

— А какую работу вы хотели бы получить? Кто вы по профессии?

— Я инженер, хочу работать на вашей фирме.

— Да, в России много инженеров... А где и кем вы сейчас работаете?

— В проектном институте, главным специалистом.

— Сколько лет вы там работаете?
— Уже 10 лет, сразу после института.
— Почему вы хотите поменять работу?
— Мне не нравится зарплата и условия работы, нет перспективы.
— А какую зарплату вы хотели бы получать? Что вы можете делать?
— Всё. За 5000 долларов.

参考译文

— 早上好。我叫亚历山大·弗拉基米罗维奇·索科洛夫。我是人事处处长。您是瓦西里·克斯洛夫吧?
— 是的,是我。您好。
— 您想再我们这儿工作吗?您了解我们公司什么呢?
— 我知道,贵公司"舒适"是一家大型建筑维修公司。你们5年前开始在俄罗斯市场营业。你们生产和销售建筑材料,进行维修和建筑施工。
— 那您想做什么工作?您的职业是什么?
— 我是工程师,想到贵公司工作。
— 哦,俄罗斯有许多种工程师……您现在在哪里做什么工作?
— 在设计院,是主要专家。
— 您在那儿工作多长时间了?
— 已经10年了,大学毕业就开始在那儿工作。
— 您为什么想换工作?
— 我不满意工资和工作条件,没有发展前途。
— 您想要多少工资?您能做什么工作?
— 所有的工作都能做。月薪5000美元。

3A

— Добрый день. Разрешите представиться, я консультант службы занятости «Контакт» Светлана Николаева. Вместе со мной сегодня работают сотрудники: директор по персоналу г-н Петров, зам. начальника отдела кадров г-жа Иванова, зам. начальника отдела по работе с персоналом г-н Егоров.
— Здравствуйте. Меня зовут Василий Крылов. Скажите, какие сейчас у вас есть вакансии? Вот моё резюме, по-русски и по-английски.
— Расскажите, пожалуйста, о себе. Почему вы ищете работу? Какую вы ищете работу? Где вы сейчас работаете?
— Я сотрудник банка. Наш банк небольшой, в нём работает 300 человек. У меня небольшой опыт работы в банке, я работаю там 5 лет. Зарплата невысокая, перспективы нет, сейчас финансовый кризис...
— Какая ваша должность?

Тема 6

— Я финансовый аналитик и специалист по ценным бумагам. Работаю в отделе проектного финансирования.

— Чем вы там занимаетесь? Расскажите, пожалуйста, о своей работе.

— Я занимаюсь анализом деятельности предприятий, регионов, а также оценкой инвестиционных проектов в металлургии. Я отвечаю за современные методики анализа и руковожу небольшой группой сотрудников.

— Прекрасно! У нас есть хорошие вакансии для вас. Мы ищем начальника клиентского отдела и эксперта кредитного отдела, «Импэксбанк» много лет активно сотрудничает с крупными металлургическими и нефтехимическими предприятиями. Мы консультируем эти заводы, наши менеджеры и руководители проектов часто работают там в командировках. Кроме того, у нас есть совместные проекты со страховой компанией «Ингосстрах». Поэтому очень хорошо, что у вас есть опыт проектного финансирования.

— Какие у вас зарплаты?

— Зарплаты, к сожалению, невысокие. Начальники отделов получают тысячу долларов, а все остальные сотрудники — пятьсот долларов.

— Какие у вас премии, бонусы?

— У нас — ежегодные премии 100% зарплаты.

— А какие у вас есть перспективы?

— Наш банк занимается повышением квалификации своих сотрудников. У нас есть свой учебный центр — институт экономики, финансов и права. Сотрудники нашего банка тоже учатся в этом институте. Для них — специальные цены за обучение, со скидкой. Кроме того, они получают льготный кредит на обучение, у них гибкий график работы, поэтому они учатся и работают одновременно. В нашем институте очень высокое качество обучения, потому что сотрудники, которые учатся там, сами контролируют его. Ещё у нас есть годовой курс для антикризисных руководителей, которые потом занимаются банкротством финансовых организаций.

— Какие у вас есть льготы?

— У нас есть целевые льготные кредиты, например на обучение, как я уже сказал, или на покупку квартиры, автомобиля. Также у нас есть бесплатная медицинская страховка, бесплатные обеды, бесплатные проездные билеты или служебный автомобиль для руководителей отделов. У наших сотрудников есть служебные мобильные телефоны, клубные карты в спортивный теннис или гольф-клуб.

— Да, зарплаты у вас невысокие, но у вас есть перспективы и хороший социальный пакет. А какие у вас требования?

— Профессиональные требования, конечно, у нас высокие: возраст до 30 лет, опыт работы в банке — 5 лет, знание иностранных языков, знание компьютера, знание международных финансовых стандартов и методики анализа, высшее экономическое или финансовое образование.

— Простите, а какие ещё вакансии есть в вашей службе занятости для банковских служащих?

— Немного, но есть... Например, бывшие вице-президенты или руководители отделов получают должность руководителя в различных крупных организациях, государственных и частных. Руководители финансовых отделов банков работают финансовыми директорами на предприятиях. В интернет-компаниях сейчас работают многие специалисты из консультативных, финансовых, торговых и рекламных фирм. А главные бухгалтеры — в банковских отделах аудиторских и консалтинговых фирм. Эти фирмы один раз в год проводят аудиторские проверки во всех банках. Сейчас в России 1300 банков, поэтому у аудиторов много работы.

Многие фирмы, как всегда, ищут юристов, сотрудников отдела кадров, менеджеров по работе с персоналом, компьютерщиков-программистов, секретарей.

— Спасибо за информацию. Я думаю, что должность эксперта кредитного отдела — выгодное для меня предложение.

参考译文

— 大家好！请允许自我介绍一下，我是"联络"就业处顾问斯韦特兰娜·尼古拉耶夫娜。今天和我一起工作的工作人员是：员工管理处经理彼得罗夫先生，人事处副处长伊凡诺娃女士，员工服务处副处长叶戈罗夫先生。

— 您好。我叫瓦西里·克雷洛夫。请问，你们现在有什么职位？这是我的简历，俄文版和英文版的。

— 请介绍一下自己。为什么找工作？想找什么工作？现在在哪里工作？

— 我是银行职员。我们银行不大，有300人。我在银行的工作经验不足，我在那儿工作5年。工资不高，没有前途，现在又遇上金融危机……

— 你是什么职位？

— 我是金融分析师和证券专家。我在计划拨款处。

— 您在那儿具体做什么？请讲一下您的工作。

— 我从事各企业、各区域经济活动分析工作，还有冶金投资方案评价工作。我负责现代分析方法并负责一个员工小组。

— 太好了。我们有很好的职位供您选择。我们正在找客户服务部主任和信贷部专家，"进出口银行"多年来积极与大型冶金及石化企业合作。我们给这些企业提供咨询，我们的业务经理和各种方案负责人经常到那里出差工作。此外，我们与"外国保险"公司有合资项目。所以您有计划拨款经验非常好。

— 您们的工资是多少？

— 很遗憾，工资不高。部门领导1000美元，其他员工——500美元。

— 奖金，红利是多少？

— 我们每年的奖金是工资的100%。

— 您们的前景怎么样？

— 我们银行不断提高职工的专业技能。我们有自己的教学中心——经济，金融和法律学院。我们银行的工作人员也在此学院学习。他们的学费是特别的，打折的。此外，他们学习可以进行优惠贷款，他们的工作时间表也是弹性的，所以他们边学习，边工作。我们学院的教学质量很高，因为在那里学习的工作人员自己检查教学质量。我们还为防危机负责人准备了全年课程，他们以后要学习金融组织的破产程序。

— 你们有什么优惠？

— 我们有专用优惠贷款，比如学费信贷，刚才我已经说了，或者优惠购房、购车信贷。我们还有免费医疗保险，免费午餐，免费车票或者为部门领导提供公车。我们的员工有工作手机，网球或高尔夫球俱乐部卡。

— 是的，你们的工资不高，但你们有前途和良好的社会保障体系。那你们的要求是什么？

— 我们的专业要求当然很高：年龄30岁以下，具有5年银行工作经验，懂外语，懂计算机，懂国际金融标准和分析方法，受过高等经济或金融教育。

— 请问，你们就业处对于银行职员来说还有什么职位？

— 不多，但有……如，前副总裁或部门领导可在各种大型国有和私营机构中获取领导职位。银行财务部门的领导可以作企业的财务经理。有许多咨询、金融、贸易和广告公司的专家现在可以在英特网公司工作。而总会计师可在审计和咨询公司的银行部工作。这些公司每年对所有银行进行一次审计检查。目前俄罗斯有1300家银行，因此审计工作者有很多工作。

许多公司总是在找法律工作者，人事处工作人员，员工服务业务经理，电脑编程人员和秘书。

— 谢谢您提供信息。我想，信贷部的专家职位对我来说是有利的方案。

Тема 7 Аренда

租赁

1.

— Алло! Это агентство по аренде нежилых помещений?
— Да, агентство «Столица» слушает вас. Здравствуйте, меня зовут Анна.
— Наша фирма хочет арендовать у вас помещение на Большой Полянке.
— Пожалуйста. На какой срок?
— Пока на год. Сколько стоит квадратный метр?
— Если на год — тысячу долларов, на три — восемьсот. А сколько метров вам нужно?
— Мы должны подумать. Я перезвоню вам завтра.
— До свидания.

参考译文

— 喂！这是非住宅租赁代理处吗？
— 是的，这是"首都"代理处。您好，我叫安娜。
— 我们公司想租赁你们在"林中旷野"的房屋。
— 好。租多长时间？
— 先租一年。每平米多少钱？
— 如果租一年，每平米1000美元，如果租三年就800美元。您需要多少平米？
— 我们要想一想。明天我再给您打电话。
— 再见。

2.

— Алло. Здравствуйте. Я звонила вам сегодня утром. Вы не могли бы мне ответить на несколько вопросов?
— Пожалуйста.
— Дело в том, что у нас есть справочник услуг Совинцентра, выпущенный в восемьдесят девятом году. А сейчас, очевидно, стоимость услуг изменилась?
— Да, вы правы. Какие услуги вас интересуют?
— Сколько стоит в день аренда конференц-зала?

Тема 7

— В рублях или в СКВ?

— Мы будем платить рублями.

— Тогда восемь тысяч рублей в день.

— Спасибо.

— За неделю до отправки письма позвоните нам на всякий случай. Стоимость услуг может меняться.

— Хорошо. Спасибо.

参考译文

— 喂。您好。今天早晨我给您打过电话。您能够回答我几个问题吗?

— 请问。

— 事情是这样的,我们有1989年出版的国际中心理事会的服务指南。现在看来服务价格已经变了吧?

— 是的,您说得对。您对什么服务感兴趣?

— 会议厅租一天多少钱?

— 您付卢布还是自由外汇?

— 我们支付卢布。

— 每天8000卢布。

— 谢谢。

— 为了以防万一发函前一周请您给我们打电话。服务价格有可能变化。

— 好。谢谢。

— Добрый день. Я хотел бы узнать, сдаёте ли вы помещения, которые можно использовать под склад?

— Да, у нас есть такие помещения. Сколько квадратных метров вам необходимо?

— Двести-двести пятьдесят.

— Какой район вас интересует?

— Желательно в центре.

— Какое помещение: подвальное или на первом этаже?

— Подвал нас точно не устроит: наши товары боятся влаги.

— Так... Посмотрите, пожалуйста, картотеку. Вот здесь адреса нежилых помещений.

— Вы знаете, вот эти два варианта мне показались подходящими.

— Давайте посмотрим. Так. Советую вам остановиться вот на этом варианте. Это хорошее помещение, оно только что отремонтировано и оборудовано сигнализацией. К тому же здесь хорошие подъездные пути.

— Спасибо за совет. А какова цена аренды этого помещения?

— На год — двадцать миллионов рублей, на три года и более — девятнадцать. Предоплата семьдесят процентов. Договор вступает в силу со дня его подписания.

— Мы можем осмотреть это помещение завтра в девять утра?

— Пожалуйста. Наш сотрудник будет ждать вас на месте.

— Скажите, а больше вы ничего не можете нам предложить?

— В этом районе больше ничего нет. Извините. Как говорится, чем богаты, тем и рады.

— Ну, может быть, нас устроит и этот вариант. Спасибо.

— Пожалуйста.

参考译文

— 您好。我想问一下，你们出租可用于仓库的房屋吗？
— 是的，我们有这样的房子。您需多少平米？
— 200～250。
— 您对哪个区感兴趣？
— 最好是市中心。
— 什么样的房子：地下室还是一楼？
— 地下室不合适：我们的产品怕潮。
— 好……请看一下目录卡片。非住宅房屋的地址都在这里。
— 您看，这两个方案我感觉合适。
— 我们看一看。是的。建议您选这个方案。这是个好房子，刚刚维修完，又安装了信号设备。而且这里的入口通道很好。
— 谢谢您的建议。租这个房子需要多少钱？
— 一年两千万卢布，三年或三年以上一千九百万。预付70%。协议自签字之日起生效。
— 我们明天9点可以来看这个房子吗？
— 好。我们的工作人员将在房子处等您。
— 请问，您还能不能提供其他的房子了？
— 这个区再没有了。对不起。常言道：有什么吃什么，请多包涵。
— 可能这个方案会令我们满意。谢谢。
— 不客气。

4

— Алло, это Александр?

— Да, это я. Слушаю.

— Добрый день. Это говорит Ван Линь.

Тема 7

— Здравствуй! А я тебя не узнал. Как дела?

— Спасибо, всё в порядке. Но, как всегда, мне нужен твой совет.

— А что случилось?

— Да ничего особенного. Просто хочу снять квартиру и не знаю, с чего начать. Куда мне обратиться? Сам понимаешь — в гостинице дорого и не очень удобно. Тем более — приехала жена, и это ей совсем не нравится.

— Ещё бы! Знаешь, у тебя две возможности: спросить знакомых, то есть снять квартиру через знакомых, или обратиться в агентство.

— А что лучше?

— Думаю, через знакомых.

— К сожалению, у меня их почти нет. Не можешь мне помочь?

— Конечно, о чём разговор? Но сначала советую тебе всё-таки позвонить в агентство и узнать, что они могут тебе предложить (что у них есть). Их телефоны есть в любой рекламной газете. Кстати, и в той газете, что я дал тебе вчера.

— Извини, но я хочу, чтобы ты позвонил им. Я плохо понимаю по-русски, когда говорю по телефону. Прости, что помешал тебе.

— Какие могут быть извинения! Всегда рад тебе помочь. Тогда нам нужно завтра встретиться и всё обсудить.

— Спасибо. До свидания.

— Не за что. До завтра.

参考译文

— 喂,是亚历山大吗?
— 是,是我。请讲。
— 您好,我是王林。
— 您好! 我没听出你的声音。近来怎样?
— 谢谢,一切正常。但像以往一样我需要你的建议。
— 出什么事了?
— 没有什么特别的事。只是我想租房,不知道从哪儿入手? 我应该找谁? 你知道,宾馆很贵,还不很舒服。况且我妻子来了,她一点也不喜欢住宾馆。
— 那当然了! 你看,你有两个可能:去问熟人,也就是通过熟人租房,或者去找代理处。
— 那什么更好呀?
— 我认为通过熟人更好。
— 很遗憾,我几乎没有熟人。你能帮我吗?
— 当然,你说什么呢? 但首先还是建议你往代办处打电话,问一问他们能提供什么。他们的电话在任何一家广告报纸上都有。对了,我昨天给你的那份报纸上也有。

— 对不起,但我想请你给他们打电话。打电话时,我听不懂俄语。对不起,打扰你了。

— 有什么对不起的!我随时都很高兴帮你。那我们明天需要见面,讨论这些问题。

— 谢谢。再见。

— 不客气。明天见。

5.

— Добрый день, это агентство недвижимости «Аренда»?

— Да, мы вас слушаем.

— Я хотел бы снять квартиру.

— Минуточку, поговорите с агентом.

— Здравствуйте, меня зовут Николай. Вы хотите купить или продать?

— Ни то ни другое. Мне надо снять квартиру.

— Понятно. Какую квартиру вы хотите снять?

— Мне нужна двухкомнатная, на юго-западе Москвы, рядом с метро.

— Мы можем предложить вам прекрасную квартиру недалеко от метро «Университет».

— А сколько она стоит?

— 1000 долларов в месяц.

— Это слишком дорого.

— А сколько вы могли бы платить?

— Не больше чем 700.

— Извините, вам не повезло. Ещё на прошлой неделе у нас была хорошая квартира, но её уже сняли.

— Ну что же, очень жаль. Спасибо. До свидания.

— Звоните, пожалуйста, ещё. У нас каждый день бывает новая информация.

参考译文

— 您好,是不动产"租赁"代理处吗?

— 是的,请讲。

— 我想租房子。

— 稍等,请与代理谈。

— 您好,我叫尼古拉。您想买房还是卖房?

— 都不是。我需要租房。

— 明白了。您想租什么样的房?
— 我需要两室的,在莫斯科西南,靠近地铁。
— 我们可以给您提供离地铁站"大学"不远的一处非常好的房子。
— 多少钱?
— 每月1000美元。
— 这太贵了。
— 那您能给多少?
— 不超过700美元。
— 对不起,您不走运。在上周有一处好房子,但租出去了。
— 那好吧,很遗憾。谢谢。再见。
— 欢迎再打电话。我们每天都有新信息。

Тема 8
Реклама. Выставка
广告、展览会

1.

— Директор фирмы «Информреклама». Слушаю вас.
— Здравствуйте, Олег Фёдорович. Это говорит Никитин.
— Добрый день, Иван Михайлович. Рад вас слышать.
— Олег Фёдорович, мы хотели бы разместить в ваших журналах рекламу наших приборов. Нам нужна максимально широкая реклама.
— Ну что ж, мы к вашим услугам. Хочу вас только предупредить, что дать всю рекламу в цветном изображении мы не сможем, у нас проблемы с цветными фото. Так что, как говорится, выше головы не прыгнешь.
— Ничего страшного. Нас это вполне устраивает. Ну, а все детали мы обсудим при встрече. Я могу приехать к вам в любое время.
— Хорошо. Тогда я жду вас завтра, прямо с утра, часов в девять.
— Договорились. Я буду у вас в девять часов.

参考译文

— 我是"信息广告"公司经理。请讲。
— 您好,奥列格·费奥多洛维奇。我是尼基京。
— 您好,伊凡·米哈伊洛维奇。很高兴听到您的声音。
— 奥列格·费奥多洛维奇,我们想在你们的杂志上登我们仪器的广告。我们需要大型广告。
— 好吧,我们竭诚为你们服务。我想提醒您,我们不能做大型彩色广告,我们的彩照有问题。所以说常言道:力不从心。
— 没关系。这完全适合我们。好,那见面时我们商量所有细节。我可以随时到您那儿去。
— 好。那明天早晨9点左右我等您。
— 就这么定了。9点钟我到您那儿。

2.

— Слушаю.
— Здравствуйте. С вами говорит представитель английской фирмы «Макс-

Тема 8

велл». Меня зовут Роберт Дэвис.
— Очень приятно. Здравствуйте.
— Мы хотели бы разместить рекламу нашей продукции, которую мы будем выставлять на Московской выставке в августе.
— Что вы предлагаете для рекламы?
— Оборудование для пищевой промышленности.
— Мы выпускаем журналы на пятнадцати языках и рассылаем их в страны всех регионов.
— Мы уже имели дело с вашей фирмой, и у нас остались от сотрудничества с вами самые благоприятные впечатления.
— Спасибо. В каком изображении вы хотите разместить рекламу: в цветном или чёрно-белом?
— В цветном.
— В какие страны вы хотели бы разослать вашу рекламу?
— Мы заинтересованы в максимально широкой рекламе.
— Когда ваш сотрудник прибудет к нам для переговоров?
— В самое ближайшее время. Не позже чем на следующей неделе.
— Он будет иметь полномочия принимать решения и подписывать документы?
— Да. Мы намерены решить все вопросы в течение двух-трёх недель.
— Хорошо.
— До свидания.

— 喂。
— 您好。我是英国"马克斯韦尔"公司的代表。我叫罗伯特·戴维斯。
— 很高兴。您好。
— 我们想登产品广告，这种产品我们8月份将在莫斯科展览会上展出。
— 你们要做什么产品的广告？
— 食品工业设备。
— 我们出版15种语言的杂志并发往所有地区的国家。
— 我们已同贵公司打过交道，同贵公司合作给我们留下了非常好的印象。
— 谢谢。你们想做什么样的广告：彩色的还是黑白的？
— 彩色的。
— 你们的广告想发往哪些国家？
— 我们想做大型广告。
— 你们的工作人员什么时候到我们这里来谈判？

— 最近。不晚于下周。
— 他会全权做出决定和签署文件吗?
— 是的。我们打算在 2~3 周内解决所有问题。
— 好。
— 再见。

3

— Фирма «Информцентр». Здравствуйте.
— Добрый день. Наша фирма хотела бы разместить свою рекламу в здании ЦМТ с пятнадцатого по двадцатое августа включительно.
— Значит, срок аренды места для рекламы — шесть дней?
— Да, шесть дней.
— В каком месте вы хотели бы разместить рекламу?
— Этот вопрос мне хотелось бы обсудить со специалистом вашей фирмы.
— Какой вид рекламы вы будете заказывать: витрины, слайды, афиши или рекламные объявления? С подсветкой или без?
— Вы знаете, это я тоже хотел бы обсудить с вашим специалистом.
— Тогда вам лучше зайти к нам и обсудить все эти вопросы на месте.
— Скажите, пожалуйста, а какова приблизительная стоимость рекламы за шесть дней?
— Это зависит не только от сроков аренды, но ещё и от места размещения и от вида рекламы.
— Понятно. И последний вопрос. Мы сами должны дать вам материалы для рекламы?
— Все элементы оформления рекламы могут быть изготовлены как заказчиком, так и нашей фирмой. По вашему выбору.
— Когда к вам можно зайти?
— В любой день, пожалуйста. С девяти до пяти. Перерыв на обед с часу до двух.
— Спасибо.
— До свидания.

参考译文

— "信息中心"公司吗? 您好。
— 您好。我们公司想从 8 月 15 日至 20 日在国际贸易中心大楼里放置广告。
— 就是说,广告地租期是 6 天?
— 是的,6 天。
— 你们想在什么地方放广告?

Тема 8

——有关这个问题我想与你们公司的专家商量一下。
——你们想预订什么形式的广告：橱窗、幻灯、海报或广告式通告？带不带照明？
——您看,这个我也要与贵方专家商量。
——那您最好到我们这儿来商定所有问题。
——请问,6天广告大概的费用是多少？
——这不仅取决于租赁期限,还取决于地点和广告形式。
——明白了。还有最后一个问题,需要我们自己提供广告的所有材料吗？
——制作广告所有东西既可以由订购人提供,也可以由我们公司提供。你们可以选择。
——什么时间可以到你们那儿去？
——随便哪天。从9点到5点。午餐时间是1~2点。
——谢谢。
——再见。

4

— Алло, здравствуйте!
— Здравствуйте. Оргкомитет международной выставки «Рынок информации».
— Мы хотели бы принять участие в работе выставки. Что мы должны для этого сделать?
— Вы должны послать заявку и оплатить счёт. Вы можете заказать стол или стенд, а также можете заказать аудио- и видеодемонстрационную технику. Вы должны послать нам платёжное поручение. После оплаты вы получите официальное приглашение и программу выставки.
— Сколько стоит аренда стенда, мебели, техники?
— Мы можем послать вам прайс-лист по факсу.
— Простите, что я должен послать по факсу? Извините, плохо слышно.
— Прайс-лист мы можем послать вам по факсу. Скажите ваш номер.
— Спасибо. Я всё понял. Запишите, пожалуйста, номер факса: 134-10-25.

参考译文

——喂,您好!
——您好。国际"信息市场"展览会组委会。
——我们想参展。需要做些什么?
——你们应该寄来申请并支付费用。你们可以预定桌子或展台,也可预定视听展览设备。你们应该给我们寄来支付支票。付款后你们将收到正式邀请信和展览会程序单。

——租展台、家具、设备需要多少钱?
——我们可以把价格表用传真发给你们。
——请问,我应该用传真发什么? 对不起,我听不清。
——价格表我们可以传给你们。说一下号码。
——谢谢。明白了。请记一下,传真号是:134-10-25。

5.

— Добрый день. Я приехал обсудить вопрос об оформлении нашей экспозиции.

— Проходите. Прошу вас. Добрый день. Так-так-так. Мы можем выделить вам примерно 130 м² (сто тридцать квадратных метров) закрытой площади. Вас это устроит?

— Вы знаете, вообще-то нам этого мало... Нам нужно ну хотя бы сто пятьдесят.

— Сто пятьдесят... Да-а-а. Ну хорошо, пусть будет 150 м². Теперь о размещении экспозиции. Как вы знаете, у нас два зала. Первый зал расположен более выгодно, чем второй, и поэтому посещается активнее. Отсюда и квадратный метр площади в нём дороже.

— Мы предпочли бы первый зал. У нас есть новые модели, и мы рассчитываем на заключение выгодных контрактов.

— Значит, вы будете выставлять свои экспозиции с правом продажи?

— Да. Мы возлагаем большие надежды на эту выставку: нам очень нужны выгодные контракты, которые дали бы нам средства на модернизацию завода «Прибор».

— Понятно. Реклама у вас готова?

— Часть рекламы мы уже заказали в «Информрекламе», часть отпечатаем сами. Она будет готова в октябре.

— Хорошо. И последнее. План экспозиции и её оформление вы берёте на себя или сделаете это при нашем содействии?

— Конечно, при вашем содействии! Дело мастера боится. Так ведь? Мы хотим, чтобы всё было сделано квалифицированно.

— Ну что ж, вы правильно решили. Вот вам образец договора об аренде и об услугах, которые наша фирма оказывает. Составьте по нему договор, и в конце недели мы его подпишем.

参考译文

——您好。我来商讨安排我们展览的问题。
——请进。请。您好。这样,我们可以划给你们130平米的封闭场地。你们满

Тема 8

意吗?
— 您看,这对我们来说太少了……我们至少需要150平米。
— 150……好,那就150平米。现在谈展品的安置情况。您看,我们有2个展厅。第一个厅的位置比第二个好,所以参观的人也比较多。从这儿开始每平米要贵一些。
— 我们要第一展厅。我们有新型产品,我们指望能签上有利的合同。
— 那就是说,你们将展出可以出售的展品?
— 是的。我们给予这次展会很大希望:我们需要有利的合同,这些合同会提供给我们使"仪器"厂现代化的资金。
— 明白了。广告准备好了吗?
— 一部分我们已经在"信息广告"公司预订了,还有一部分我们自己打印。将在10月份准备好。
— 好。最后一件事。展览计划和实施你们自己承担还是需要我们协助?
— 当然需要贵方协助了!事怕行家。不是吗?我们希望一切都做得很专业。
— 好的,您做的决定是正确的。这是我们公司提供租赁和服务的合同样本。请根据这个样本制定合同,周末我们来签订合同。

— Слушаю.
— Здравствуйте. С вами говорит Роберт Дэвис. Фирма «Максвелл».
— Очень приятно. Слушаю вас.
— Я звоню вам, чтобы сообщить, что вчера мы выслали на адрес вашей фирмы пакет документов, касающихся нашей экспозиции.
— Это очень кстати. Мы как раз начинаем работу над планом размещения экспозиций участников выставки.
— В проекте мы дали точный перечень выставляемых машин с указанием их габаритов и технических характеристик.
— Размер площади, которая должна быть отведена под экспозицию, вы указали?
— Да, указали.
— Если мне не изменяет память, во время нашего разговора на прошлой неделе вы сказали, что будете выставлять машины с правом продажи?
— Совершенно верно.
— Значит, прейскурант с указанием цен вы тоже послали?
— Да, в прейскуранте указана предварительная цена на каждую машину. Окончательная цена, как обычно, будет устанавливаться в процессе переговоров с покупателем.
— Да, конечно. И ещё такой вопрос. Вы указали в письме, где вы хотели бы разместить свою экспозицию: на открытой площадке или в павильоне?

— Только в павильоне.

— Ну что ж, основные вопросы мы обсудили, а когда получим ваши документы, мы изучим их самым тщательным образом.

— Через месяц я буду в Москве, и тогда мы обсудим все детали. До свидания, господин Косов.

— До свидания, господин Дэвис.

参考译文

— 喂。
— 您好。我是罗伯特·戴维斯。"马克斯韦尔"公司。
— 很高兴。请讲。
— 我给您打电话是要通知您,昨天我们往贵公司发了与我们展览有关的一系列文件。
— 这太是时候了。我们正好开始制定参展单位展品安置计划。
— 在设计方案中我们提供了展出机器的清单,上面标明它们的尺寸和技术性能。
— 展览应占的场地大小您标出了吗?
— 是的,标出了。
— 如果我没记错的话,上周我们谈话时您说了,你们将展出可以销售的机器?
— 完全正确。
— 就是说,你们已经寄了标出价格的价目表?
— 是的,价目表中标出了每台机器的最初价格。最终价格通常在与购买者的谈判中确定。
— 是的,那当然。还有这样一个问题。你们在信函中说明了吗,你们想将展品放在什么地方:是露天场地还是展厅?
— 只放在展厅。
— 好吧,主要问题我们已商量好。当我们收到文件后,我们再仔细研究。
— 一个月后我去莫斯科,到那时我们再商定细节。再见,科索夫先生。
— 再见,戴维斯先生。

7.

— Алло. Вас слушаю.
— Могу я поговорить с директором выставки?
— К сожалению, его сейчас нет.
— Очень жаль.
— У вас к нему срочное дело?
— Да. Я хотел бы кое-что выяснить именно сегодня, до начала переговоров.

— Относительно выставки?
— Да.
— Тогда, может быть, вам позвонить заместителю директора? Он сейчас на месте.
— Спасибо. Я так и сделаю.
— Телефон замдиректора вы знаете?
— Да. Спасибо.

— 喂。请讲。
— 我可以与展会经理通话吗?
— 很遗憾,他现在不在。
— 很遗憾。
— 您找他有急事吗?
— 是的。有些事情我想在谈判开始前,就是今天弄清楚。
— 是关于展览会的事情吗?
— 是的。
— 那您要不要给副经理打电话?
— 谢谢。我给他打。
— 您知道副经理的电话吗?
— 知道。谢谢。

— Алло. Я хотел бы поговорить с господином Зайцевым.
— Я у телефона.
— С вами говорит Роберт Дэвис, представитель фирмы «Максвелл».
— Очень приятно. Слушаю вас.
— Мне хотелось бы до начала переговоров кое-что уточнить.
— Пожалуйста. Я вас слушаю.
— Изменилась ли цена квадратного метра экспозиции в связи с инфляцией?
— Да, конечно. Сейчас один квадратный метр площади в павильоне стоит двенадцать долларов, а на открытой площадке — восемь.
— Спасибо. Это всё, что я хотел узнать.
— Если у вас возникнут ещё какие-нибудь вопросы, звоните. Я к вашим услугам.
— Спасибо. В случае необходимости я обязательно воспользуюсь вашим предложением. Всего доброго.
— До свидания.

参考译文

— 喂。我想与扎伊采夫先生通话。
— 我就是。
— 我是罗伯特·戴维斯,"马克斯韦尔"公司代表。
— 很高兴。请讲。
— 我想在谈判前确定一些事情。
— 好。请讲。
— 由于通货膨胀展览每平米的价格有变化吗?
— 是的,当然有。现在展厅里每平米场地是12美元,而露天场地是8美元。
— 谢谢。这是我想知道的一切。
— 如果您还有什么问题,请打电话。我将竭诚为您服务。
— 谢谢。必要时,我一定利用您的建议。再见。
— 再见。

Тема 9
Деловые переговоры
商务谈判

1.

— Здравствуйте. Я представляю компанию «Океан». Меня зовут Ли Хуа.
— Здравствуйте. Рады вас видеть.
— Извините, я немного опоздала.
— Ничего. Садитесь, пожалуйста. Чай? Кофе?
— Спасибо. Кофе, если можно.

参考译文

— 您好,我是"海洋"公司的代表。我叫李华。
— 您好。见到您很高兴。
— 对不起,我有点儿迟到了。
— 没关系。请坐。喝茶还是咖啡?
— 谢谢。如果可以,我喝咖啡。

2.

— Ну, перейдём к делу. Мы рассмотрели ваше предложение и согласны сотрудничать с вами. Мы только должны решить финансовый вопрос. Скажите, возможен бартер?
— Как вам сказать... Обычно наше руководство против бартера.
— Давайте говорить откровенно: мы хотели бы, чтобы это сотрудничество было взаимовыгодным. Может быть, возможна скидка?
— Для старых клиентов — конечно. Но я должен обсудить с руководством размер скидки.

参考译文

— 好,现在我们开始谈正事。我们研究了贵方的提议,同意与贵方合作。只是我们必须解决财务问题。请问,可不可以易货?
— 怎么说呢……通常我们领导反对易货。
— 我们开诚布公的说吧:我们想使这次合作对双方都有利。可以有折扣吗?

— 对于老客户当然可以有，但折扣的多少我要与领导商定。

3.

— Как вы знаете, наша компания предлагает несколько форм сотрудничества.

— Да, мы знаем, и мы уже сделали выбор. Скажите, ваши цены включают НДС?

— Да.

— А какая форма оплаты — наличная или безналичная?

— Любая. Вы можете платить как вам удобно.

参考译文

— 您看，我公司提出几种合作形式。

— 是的，我们知道。我们也已经做了选择。请问，你们的价格包括增值税吗？

— 是的。

— 什么支付形式，现金还是非现金？

— 都可以。您怎么方便就怎么付。

4.

— Давайте продолжим переговоры завтра. Я должен уточнить некоторые вопросы. Вы согласны?

— Я согласен. Но завтра я очень занят, давайте встретимся послезавтра.

— Хорошо.

参考译文

— 我们明天接着谈判。我应该确定一些问题。您同意吗？

— 我同意。但明天我很忙，我们后天见吧。

— 好。

5.

— Добрый день. Александр.

— Здравствуйте. Меня зовут Ван Линь. Вот моя визитная карточка.

— Спасибо. А это моя визитная карточка.

— Хотелось бы обсудить с вами вопросы возможного сотрудничества. Нас интересуют ваши новые модели.

— Что конкретно вы имеете в виду?

— Я имею в виду мультимедийный монитор с микрофоном и динамиками.

— Да, это замечательный монитор. Он очень практичный и не очень дорогой — около 2500 долларов.

Тема 9

— Если мы покупаем пять мониторов, цена такая же?

— Нет, в этом случае вы платите 2400 долларов за каждый монитор.

— К сожалению, я не могу сейчас принять решение, я должен решить этот вопрос с руководством. Я хотел бы встретиться с вами завтра и дать окончательный ответ.

— Я с удовольствием встречусь с вами. Но завтра я должен быть в офисе. Вы можете приехать в офис? Это недалеко от Невского проспекта, в центре. На визитке есть адрес.

— Я не очень хорошо знаю Санкт-Петербург. Я приехал из Москвы, чтобы принять участие в работе выставки. Живу в гостинице «Невский палас». Вы знаете её?

— Да, конечно. Из гостиницы вам надо поехать прямо до конца Невского проспекта, а потом налево метров 300. Справа вы увидите высокое современное здание. Наш офис — на первом этаже.

— Я всё записал. Значит, прямо, потом налево. Так?

— Да. А здание — справа.

— Когда вам удобно? Может быть, днём? В 3 часа?

— Хорошо.

— Ну, значит, до завтра?

— До завтра. Рад был познакомиться.

— Я тоже. До встречи.

参考译文

— 您好,我是亚历山大。

— 您好。我是王林。这是我的名片。

— 谢谢。而这是我的名片。

— 我想和你商定一下可能合作的问题。我们对贵方的新型产品很感兴趣。

— 您具体指什么?

— 我指的是多媒体监视器,带麦克风和音响的。

— 哦,这是非常好的监视器。它很实用,而且不贵——2500 美元左右。

— 如果我们买 5 台,也是这个价格吗?

— 不是,这种情况下您每台支付 2400 美元。

— 很遗憾,我现在不能做出决定,我需要和领导商定这个问题。我想明天和您见面并最终答复您。

— 我将很高兴与您见面。但明天我必须在办公室。您能来办公室吗?距涅瓦大街不远,在市中心。名片上有地址。

— 我不太了解圣彼得堡。我从莫斯科来是为了参加展览工作。我住在"涅瓦帕拉斯"宾馆。您知道这个宾馆吗?
—是的,当然知道。从宾馆出来您需要简直走到涅瓦大街,然后左转弯走300米左右。在右侧您会看到一座现代高楼。我们办公室在一楼。
—我记下了。就是说,先直走,然后左转。是这样吧?
—是的,大楼在右侧。
—您什么时候方便?可能白天吧?3点钟?
—好。
—那明天见。
—明天见。很高兴认识。
—我也很高兴。再见。

— Здравствуйте, господин Медведев.
— Добрый день.
— Я Комарова Ольга, представляю Издательский дом «Вся Москва». Извините, я немного опоздала.
— Ничего.
— Вот моя визитка.
— Спасибо. Садитесь, пожалуйста. А это моя визитная карточка. Чай, кофе?
— Кофе, если можно.
— Ну, перейдём к делу. Мы хотели бы разместить информацию о нашей фирме в вашем справочнике. Мы решили, что для нас реклама на телевидении, радио, в печати или на рекламных щитах не будет эффективной. Мы занимаемся продажей офисной мебели, у нас есть сеть магазинов. Я думаю, что информация о них должна быть в этом справочнике. Ведь он есть почти в каждом офисе. Меня интересует тираж справочника.
— Тираж — один миллион. Справочник издаётся раз в год. Его преимущества — долгосрочность и большой тираж.
— Извините, я вас перебью. У вас есть скидки?
— Да, как раз об этом я и хотела сказать. У нас есть система скидок. Сейчас, в январе, скидка составляет 20 процентов, в феврале — 17 процентов и так далее. Вам выгодно подписать договор в январе.
— Я понимаю. Сколько стоит одна страница?
— Вот наш прайс-лист.
— Цены в рублях или в долларах?
— В долларах.
— Эта цена включает НДС?
— Да.

Тема 9

— Какая форма оплаты? Наличная или безналичная?

— Вы можете платить как вам удобно.

— Скажите, а возможен бартер? Мы можем предложить вам офисную мебель.

— В принципе да. Но этот вопрос я должна обсудить с руководством. Давайте встретимся ещё раз завтра. Вы не против?

— Нет, я согласен. Я тоже должен обсудить этот вопрос с директором. Я подумаю о тексте рекламы и сделаю макет с фирменным знаком и логотипом компании. Завтра я могу к вам приехать.

— Вы знаете, как доехать?

— Нет, к сожалению.

— Вы знаете банк «Столичный»?

— На Ленинском проспекте? Да.

— Наш офис находится рядом, справа.

— Вам удобно в 10 часов утра?

— Если честно, не очень. Давайте в двенадцать.

— Ладно, давайте в двенадцать.

— Спасибо за кофе. До завтра.

— Рад был познакомиться.

参考译文

— 您好,梅德韦杰夫先生。

— 您好。

— 我是奥莉加·科马罗娃。我是"全莫斯科"出版之家的代表。对不起,我有点迟到了。

— 没关系。

— 这是我的名片。

— 谢谢。请坐,这是我的名片。喝茶、咖啡?

— 如果可以,喝咖啡。

— 好,我们谈正事。我们想在你们的指南中刊登我们公司的信息。我们认为,对于我们来说电视、广播、报刊或是广告牌上的广告是不会有实效的。我是销售办公家具的,我们有商店网络。我认为这些商店的信息应该刊登在这本指南中。要知道这本指南几乎每个办公室都有。我感兴趣的是指南的印数。

— 印数是100万册。每年出版一次。它的优点是长期性和印数多。

— 对不起,我打断一下。你们有折扣吗?

— 有,我正要说这个。我们有一系列的折扣。现在,一月份折扣是20%,二月份是17%,以此类推。您一月份签协议最有利。

— 我知道。一页多少钱?
— 这是我们的价格表。
— 是卢布还是美元的价格?
— 美元的价格。
— 这个价格包括增值税吗?
— 是的。
— 什么付款方式? 现金还是非现金?
— 您看怎么方便就怎么付。
— 请问,易货可以吗? 我们可以向贵方提供办公家具。
— 原则上可以。但这个问题我需要与领导商定。我们明天再次见面,你不反对吧?
— 不反对,我同意。我也应该与经理商定这个问题。我要考虑一下广告词并做出带有公司商标的样本。我明天可以到您那儿去。
— 您知道怎么走吗?
— 很遗憾,不知道。
— 您知道"首都"银行吗?
— 在列宁格勒大街上吗? 知道。
— 我们办公室就在旁边,在右侧。
— 您早10点方便吗?
— 说实话,不太方便。12点吧。
— 好,那就12点。
— 谢谢您的咖啡。明天见。
— 很高兴相识。

7.

— Господин Кузнецов, я хотел бы узнать две вещи: во-первых, готов ли контракт к подписанию и, во-вторых, когда он может быть подписан. Знаете, время не ждёт.

— Проект контракта рассмотрели почти все специалисты. Нет только визы транспортного отдела. Но, насколько мне известно, принципиальных возражений у них нет. Значит, контракт будет подписан нашей стороной в ближайшие два дня.

— Мы заинтересованы в том, чтобы контракт был подписан завтра или, в крайнем случае, послезавтра утром. Дело в том, что в пятницу я вылетаю в Лондон вечерним рейсом.

— Ну что ж, думаю, это вполне реально. Сегодня же, как только документы будут готовы, я отнесу их на подпись президенту. Надеюсь, всё будет в порядке. И если ничего не изменится, вы сможете получить контракт завтра после одиннадцати.

Тема 9

— Пожалуйста, если будут какие-нибудь проблемы, сразу же позвоните мне.

— Не волнуйтесь, господин Стаффорд, я сделаю всё от меня зависящее.

— Очень вам признателен. Если не возражаете, я подъеду к вам в 12 часов.

— Хорошо. Будем ждать вас. До встречи.

参考译文

— 库兹涅佐夫先生,我想了解两件事:第一,需要签字的合同是否准备好,第二,什么时候签字。您知道,时间不等人啊。

— 合同草案所有专家都审阅了。只有运输部没有签署。但据我所知,原则上没有人反对。就是说在最近两天我方将签订合同。

— 我们想明天或最晚后天早晨签合同。原因是周五我要乘晚上航班飞往伦敦。

— 那好吧,我想这是可以实现的。今天,等文件一准备好,我就拿给董事长签字。希望一切顺利。如果没有什么变化,您明天11点之后可以拿到合同。

— 好,如果还有什么问题,请立刻给我打电话。

— 不用着急,斯塔福尔德先生,我们尽全力做好一切。

— 非常感谢您。如果您不反对,我12点钟来找您。

— 好。我们将等您。再见。

— Я слушаю.

— Добрый день, господин Котов. Прошу извинить меня, я должен был позвонить вам утром, но я задержался в посольстве.

— Ничего, нет худа без добра. Меня утром тоже не было на месте: я был у министра. Вы хотите приехать к нам для предварительных переговоров?

— Да. Я сегодня получил из Лондона документы, которые необходимы для заключения контракта на новых условиях.

— Прекрасно. Где и когда вам удобно встретиться?

— Вы пригласите на переговоры директора завода «Прибор»?

— Разумеется. Ведь речь пойдёт об их продукции.

— Тогда, я думаю, удобнее будет встретиться у вас?

— Пожалуйста. Завтра в девять тридцать вам удобно?

— Вполне. Как это говорят по-русски.... Лучше всё делать на свежую голову. Так, кажется?

— Совершенно верно. Вы прекрасно говорите по-русски.

— Спасибо. Я в Лондоне изучал русский язык шесть лет, но новые фразеологизмы я учу и сейчас.

— Да, кстати. Не забудьте взять с собой паспорт. Без него в бюро пропусков вам пропуск не выдадут.

— Он у меня всегда с собой. Завтра в половине десятого я буду у вас.

— Тогда до завтра, господин Добсон. Всего доброго.

— До свидания, господин Котов.

【参考译文】

— 喂。

— 您好,科托夫先生。请原谅,我应该早晨给您打电话,但在大使馆耽搁了。

— 没关系,塞翁失马,安知非福。早晨我没在:我去部长那儿了。您想到我们这儿来进行初步谈判吧?

— 是的。我今天收到了伦敦发来的文件,这些文件是在新条件下签订合同必须用的。

— 太好了。在哪儿什么时候您方便见面?

— 您要邀请"仪器"厂厂长来谈判吗?

— 当然。因为谈的就是他们的产品。

— 那我认为到我们这来会方便些。

— 好的。明天9点30分您方便吗?

— 很方便。就像俄语常说的……最好趁着头脑清醒做一切事情。好像是这样吧?

— 完全正确。您俄语说得真好。

— 谢谢。我在伦敦学了6年俄语,但新熟语我现在也学。

— 好,您用得很合适。别忘记带身份证。没有身份证通行处不会发给你通行证。

— 我总是随身带着身份证。明天9点半我去您那儿。

— 那明天见,多布松先生。再见。

— 再见,科托夫先生。

9.

— Давайте приступим к делу.

— Мы хотели бы получать от вас оргтехнику.

— Мы получили ваш запрос на оргтехнику. Что конкретно вас интересует?

— В первую очередь нам нужны пишущие машинки и копировальные аппараты.

— У нас есть прейскуранты и каталоги этих товаров.

— Очень хорошо. Наши специалисты изучают их.

【参考译文】

— 我们开始谈事吧。

— 我们想从贵方购买现代化办公设备。

Тема 9

— 我们收到贵方对现代化办公设备的询价了。贵方具体对什么设备感兴趣？
— 我们首先需要打字机和复印机。
— 我们有这些商品的价目表和目录。
— 很好。让我们的专家研究一下。

10.
— В прошлом году вы поставили нам 30 станков модели К-167. Наши заказчики положительно отзываются об этих станках.
— Очень приятно слышать положительные отзывы о наших товарах.
— В этом году мы хотели бы получить от вас 50 станков этой модели.
— Мы можем поставить такое количество станков. Но не сразу, а партиями.
— Какое количество вы можете поставить в первой партии?
— В первой партии мы можем поставить 20 станков.
— Хорошо. Нам нужны также комплекты запасных частей.
— Сколько комплектов вам нужно?
— Нам нужно 70 комплектов.
— Мы можем поставить такое количество комплектов сразу, вместе с первой партией станков.
— Очень хорошо.

参考译文

— 去年贵方供应了我们 30 台 K-167 型机床。我们的订购者对这些机床反应很好。
— 很高兴听到对我们商品的正面反应。
— 今年我们想从贵方购买 50 台这种型号的机床。
— 我们可以提供这个数量的机床，但不能一次提供，而是分批提供。
— 第一批可提供多少台？
— 第一批我们能提供 20 台。
— 好。我们还需要全套备件。
— 需要多少套备件？
— 70 套。
— 我们可以与第一批机床一起一次提供这个数量的备件。
— 很好。

11.
— Господа! Сегодня мы сделали очень много: согласовали все серьёзные вопросы, обсудили создание фондов нашего СП, налогообложение, страхование имущества и персонала.
— Да, господин Чесноков. Но я хотел бы выяснить ещё один вопрос —

это порядок управления СП. Я думаю, что мы могли бы создать правление, дирекцию и аудиторскую службу.

— Господин Петров, мне необходимо обсудить ваше предложение с нашим руководством.

— Господин Чесноков, вы уже получили каталоги с образцами нашей офисной мебели?

— Да. В целом нам нравится ваша продукция. Это то, что надо. Однако мы не можем согласиться с вашими ценами и условиями поставки.

— Давайте обсудим эти вопросы.

— Скажите, не могли бы вы снизить цены?

— Думаю, что это невозможно. Наши цены находятся на уровне мировых цен. В любом случае для этого нужна подпись коммерческого директора.

— А можно ускорить отправку мебели и оргтехники?

— К сожалению, я не могу дать вам ответ прямо сейчас. Мне нужно проверить накладные.

— Господин Петров, вы уже нашли место для офиса?

— Да, нам очень повезло. Мы нашли современное здание.

— Вы его арендовали?

— Нет, купили.

— А где оно находится?

— На юго-западе Москвы. Рядом с метро, есть подземный гараж, но нужна дополнительная автостоянка.

— Прекрасно, мне нравится ваш выбор.

— Мы хотим, чтобы вы приняли это здание как нашу часть в уставный капитал. Кстати, мы можем его посмотреть прямо сейчас. Господа, кто хочет посмотреть помещения нашего будущего офиса?

— Мы с удовольствием.

— Я тоже. Но сначала мне нужно дозвониться в транспортный отдел и узнать о доставке мебели. Подождите меня минутку. А там можно фотографировать?

— Конечно, везде: и около здания, и в помещениях. Не забудьте взять фотоаппарат. Вы с нами, господин Чесноков?

— Жаль, я не могу. Завтра у меня командировка в Нижний Новгород. Мне надо купить билет и собраться.

— Наташа, а где Сергей? Вы видели водителя сегодня?

— Нет. А разве он уже вернулся из отпуска? Сегодня утром был Геннадий.

— Но Сергей тоже должен быть на работе сегодня. Если увидите его, скажите, что он мне срочно нужен. Идёмте!

Тема 9

参考译文

— 先生们！今天我们做了很多事：商量了所有的重要问题，商定了建立我们合资企业的基金问题，征税问题以及财产和员工保险问题。

— 是的，切斯诺科夫先生。但我还想弄清楚一个问题，这就是合资企业的管理制度。我认为，我们应该成立理事会，经理处和审计处。

— 彼得罗夫先生，您已经收到我们办公家具样品的目录了吗？

— 是的。总的来说，我们喜欢你们的产品。这正是我们所需要的。但是我们不能同意贵方的价格和供货条件。

— 那我们商定一下这些问题。

— 请问，你们能降低价格吗？

— 我想这不可能。我们的价格和国际价格一样。在任何情况下这都要有商务经理的签字。

— 那可不可以加快家具和现代化办公设备的发货速度呢？

— 很遗憾，现在我不能答复您。我需要查一下货单。

— 彼得罗夫先生，你们已经找到办公地点了吗？

— 是的，我们运气很好，我们找到了一座楼。

— 你们把楼租下来了？

— 不是，我们买了。

— 在哪儿啊？

— 在莫斯科西南，靠近地铁，有地下车库，但还需要一个停车场。

— 很好，我喜欢你们的选择。

— 我们想让贵方同意把这座楼作为我们的法定资本。顺便说一下，我们现在就可以去看一看这座楼。先生们，谁想去看一看我们未来办公的房间。

— 我们很愿意去。

— 我也想去。但我首先要往运输部打电话，了解一下送家具的情况。请稍等我一会儿。那里可以拍照吗？

— 当然，到处都可以：楼房周围和房间里都可以拍。别忘记带相机。

— 切斯诺科夫先生，您和我们一起去呀？

— 很遗憾，我不能去。明天我要到下诺夫哥罗德出差。我要去买票并要准备一下。

— 娜塔莎，谢尔盖在哪儿？您今天见到司机了吗？

— 没有。难道他度假回来了吗？今天早晨是根纳季。

— 但谢尔盖今天也应该上班。如果看见他，请告诉他，我急着找他。我们走吧。

Тема 10

Цена. Условия поставки. Платёж

价格、供货条件、支付

1.

— Сегодня нам нужно согласовать цену товара.

— Мы рассмотрели ваше предложение и считаем, что цена товара очень высокая.

— Наша цена подтверждается конкурентными материалами.

— Мы сравнили вашу цену с контрактом, который мы подписали в прошлом году с другой фирмой.

— Но учтите, что цены на этот товар в последнее время постоянно растут. А какую цену предлагаете вы?

— Мы считаем, что ваша цена завышена примерно на 10% (десять процентов).

— Обычно мы предоставляем скидку с цены до 8% (восьми процентов), если клиент делает крупный заказ.

— Мы хотели бы сделать крупный заказ. Кроме того, мы предоставим вам выгодные условия платежа.

— Хорошо, мы рассмотрим ваши предложения и завтра продолжим наши переговоры.

— Мы согласны продолжить переговоры завтра.

参考译文

— 今天我们需要商定一下商品的价格。
— 我们研究了贵公司的报价,认为价格太高了。
— 我们的价格高是因为材料具有竞争力。
— 我们将你们的价格与去年我方与另一家公司签订的合同做了对比。
— 但请注意,这种商品的价格最近不断上涨。您提出什么样的价格?
— 我们认为,贵方的价格高了大约10%。
— 如果客户大量订货,通常我们给予价格的8%折扣。
— 我们想大量订货。除此之外,我们会提供贵方优惠的支付条件。
— 好,我们研究一下你们的提议,明天我们继续谈判。

Тема 10

— 我们同意明天继续谈判。

2.

— Вы получили наше письмо от 17 сентября?

— Да, мы получили ваше письмо вместе с технической документацией.

— Как вы помните, мы сообщали вам, что в конструкцию автомобилей марки К-911 внесены изменения и усовершенствования.

— Да, мы приняли к сведению эту информацию. Наши эксперты ознакомились с технической документацией и дали положительные отзывы.

— В связи с этим цены на автомобили повысились.

— Надеемся, в разумных пределах?

— Да, конечно. И кроме того, мы должны изменить и сроки поставки.

— Давайте сначала обсудим новые цены и условия платежа.

— Хорошо.

参考译文

— 你们收到我们 9 月 17 日的信函了吗？

— 是的,我们收到了你们的信,同事还收到了技术文件。

— 你们记得,我们通知过你们,K-911 型汽车结构有一些变化和改善。

— 是的,我们收到了这一信息。我们的专家了解了技术文件并表示同意。

— 因此汽车价格提高了。

— 我们希望是在合理的范围内吧？

— 是的,当然了。而且除此以外,我们应该改变一下供货期限。

— 我们先商定一下新的价格和支付条件。

— 好。

3.

— Мы хотели бы предложить вам оплату инкассо.

— Мы можем согласиться на это, если ваш банк даст нам гарантию оплаты наших платёжных документов.

— Это условие неприемлемо для нас, так как банк берет три процента за гарантийное письмо.

— К сожалению, мы не можем поставить товар без гарантии платежа.

— Мы готовы согласиться на выдачу гарантийного письма, если стоимость этой операции будет учтена вами в цене товара.

— Так как мы уже согласовали все остальные вопросы, мы предлагаем расходы по банковской гарантии разделить пополам. Поэтому мы готовы уменьшить общую цену контракта на 1,5 (полтора) процента.

— Хорошо, мы согласны с этим предложением.

参考译文

— 我们想向你们提议银行托付付款。
— 如果你们的银行给我们的付款凭证做支付担保,我们就同意。
— 这个条件我们不能同意,因为发出担保银行要收取3%费用。
— 很遗憾,没有支付担保我们不能供货。
— 如果该项费用你们计入商品价格中,我们同意提供担保。
— 因为我们已经商定好所有其他问题了,我们提议银行担保这笔费用,我们各支付一半。所以我们准备将合同的总价格降低1.5%。
— 好,我们同意这个提议。

4

— Итак, господин Алексеев, перейдём к главному. Вы говорили со своим руководством?
— Да. Господин Абрамс, была ли у вас возможность обсудить цены на комплектующие с генеральным директором корпорации?
— Да, мы говорили с ним об этом. Вас это может разочаровать, господин Алексеев, но мистер Камерон отказался понизить цены. Правда, он разрешил мне сделать исключительно для вашей фирмы скидку, при условии, что вы увеличите свой заказ.
— Мы и так уже заказываем слишком много. Вы ведь не можете настаивать на том, чтобы мы купили больше, чем нам нужно.
— Поймите и нас — нам невыгодно продавать товар в небольших объёмах. Давайте увеличим объём заказа. Поверьте, мы найдём покупателей по выгодной для нас цене.
— Ну, хорошо. Я думаю, нам не имеет смысла настаивать каждому на своём. Давайте увеличим заказ до пяти тысяч комплектов. Насколько дешевле вы тогда продадите комплектующие? Какая будет скидка?
— Пять процентов. Вас это устроит?
— В данной ситуации вполне.
— Ну и отлично. Вот бумаги. Давайте ставить свои подписи.

参考译文

— 阿列克谢耶夫先生,我们来谈主要问题吧。您与你们的领导谈了吧?
— 是的,阿拉布姆斯先生,您有机会与公司总经理商定成套设备的价格了吗?
— 是的,这件事我和他谈了,阿列克谢耶夫先生,这件事恐怕让您失望了,但卡梅隆先生不同意降低价格。确实,他允许我只对你们公司打折扣,但条件是,你们要增加订购数量。

— 我们现在已经订了很多。您们不能强迫我们买超过我们需要的数量。

— 请理解我们——我们只有卖的量大才能有利。增加一些订量吧。请相信，我们能找到其价格对我们有利的买家。

— 那好。我想，我们坚持己见没有意义。我们把订量提高到5千套。你们能便宜多少？折扣多少？

— 5%。这样你们满意吗？

— 很好。这是文件，我们签字吧。

5.

— Господа, сегодня нам предстоит обсудить в предварительном порядке коммерческий запрос фирмы «Смит и Кауфман». Господин Добсон, вы знакомы с директором завода «Прибор»?

— Да, мы уже встречались. Рад вас видеть, господин Кравцов.

— Прекрасно. Итак, фирма «Смит и Кауфман» хотела бы закупить у нас приборы, которые перечислены в коммерческом запросе фирмы. Господин Добсон, вы ознакомились с техническими характеристиками интересующих вас приборов?

— Да, спасибо. В отделе рекламы мне дали проспекты, рисунки и очень подробные чертежи, и я уже ознакомился с ними.

— Вы обратили внимание на прибор ночного видения? Это новая модификация.

— Да, конечно. По-моему, это очень перспективная модель. Мы знаем цену прибора прежней модели, но этот, наверное, вы будете продавать уже по другой цене?

— Да. Цена этой модели выше, но она вполне доступна. Я думаю, мы с вами найдём общий язык. Если она будет выше на десять процентов, вас это устроило бы?

— Сегодня я свяжусь с нашей фирмой, поскольку я не уполномочен принимать решение о ценах. Завтра я мог бы встретиться с вами уже в первой половине дня, и мы могли бы обсудить вопрос как об объёмах нашего заказа, так и об окончательной цене.

— Ну что ж, утро вечера мудренее. Жду вас завтра. В десять вам удобно?

— Вполне. К этому времени я буду готов продолжать переговоры.

参考译文

— 先生们，今天我们要初步商定"史密特和考夫曼"公司的商务询价。多布松先生，你认识"仪器"厂的厂长了吗？

— 是，我们已经见过了。见到您很高兴，科瓦尔措夫先生。

— 太好了。是这样,"史密特和考夫曼"公司打算购买你们仪器,这些仪器已列入公司询价中。多布松先生,您了解你们感兴趣的仪器的技术性能了吗?

— 是的,谢谢。在广告部给我们说明书、图片和很详细的图纸了,我已经看过了。

— 您关注夜光仪器了吗?这是新型仪器。

— 是的,当然。我觉得,这是很有前景的型号。我们知道这种仪器旧型号的价格,但这种仪器大概你们要按另一种价格出售。

— 是的。这种型号的价格要高一些,但价格是完全适合的。我想,我和你们能找到共同语言,如果价格提高10%,你们能接受吗?

— 我今天和公司联系一下,因为我没有权利决定价格。明天上午我可以与您见面,我们商定好我们订购的数量和最终价格。

— 好吧,一日之计在于晨。明天等您。10点钟您方便吗?

— 方便。到时我会准备好继续谈判。

👌

— Проходите, господа. Садитесь. Пожалуйста, кофе, чай, печенье. Прошу вас.

— У вас превосходный чай... Вчера вечером я связался с нашей фирмой. Мы готовы закупить у вас микроскопы и приборы ночного видения, новую модификацию.

— О каком объёме заказа идёт речь?

— Мы готовы закупить партию учебных микроскопов (пятьсот штук) и тысячу приборов ночного видения.

— Пётр Михайлович, ваше мнение?

— Этот прибор запущен в серийное производство в прошлом месяце, и сейчас мы можем их выпускать только небольшими партиями.

— Что вы называете небольшой партией?

— Мы можем поставлять вам восемьдесят штук ежемесячно.

— Нас это вполне устроит. Но только нам нужны гарантии, что эти партии мы будем получать регулярно, а не от случая к случаю.

— Такие гарантии мы вам даём. Вы будете получать партию товара от пятого до десятого числа каждого месяца. Уговор, как говорится, дороже денег. Мы можем включить эти даты в контракт.

— Хорошо. Теперь о цене. Мы просим снизить цену на новую модель на два процента.

— Мы обсудим это завтра на Совете директоров. И послезавтра мы могли бы продолжить переговоры о цене. Вам удобно в десять утра?

— Да. В десять я буду у вас.

Тема 10

参考译文

— 先生们，请进。请坐。请用咖啡、茶、饼干。请。
— 您的茶太好了……昨天晚上我和我们公司联系了。我们准备购买你们的显微镜和夜光仪器，新型号的。
— 你们要购买多大量？
— 我们准备购买一批教学显微镜(500台)和1000台夜光仪器。
— 彼得·米哈伊洛维奇，您有什么意见？
— 这种仪器是上个月开始投入系列生产的，现在我们只能小批量生产。
— 小批量生产是什么意思？
— 每个月我们提供你们80台。
— 完全符合我们的要求。但只是我们需要保障：每批货我们要定期收到，而不是偶尔收到。
— 我们可以做这样的保障。每个月的5～10日你们将收到一批货。常言道：一言为定重于金。我们把这些日期写进合同中。
— 好。现在谈价格。我们请求把新型产品的价格降低2%。
— 我们明天在经理理事会上再商定这个问题。后天我们就可以继续谈价格问题。早10点您方便吗？
— 方便，10点我到您那儿。

7.

— Доброе утро, господа. Прошу садиться. Сегодня мы должны обсудить цены на приборы.
— Господин Котов, нам кажется, что цена на микроскопы, заявленная вами в коммерческом предложении, завышена. Мы передаём вам конкурентные материалы, из которых следует, что микроскопы такого же класса стоят на мировом рынке примерно на 4% дешевле.
— Мы изучили эти конкурентные материалы и готовы пойти вам навстречу. Мы согласны снизить предложенную нами цену на 4%.
— Хорошо. Эта цена нас устраивает.
— Теперь перейдём к обсуждению цены на приборы ночного видения.
— По той цене, которая предложена вами, мы продать их не сможем.
— Мы так не считаем. Это принципиально новая модель, и аналога на мировом рынке у этого прибора пока нет.
— В этом вы правы, но вопрос в цене.
— Виктор Сергеевич, разрешите мне обосновать эту цену. Во-первых, новая модификация прибора отвечает всем современным требованиям. Во-вторых, в отличие от прежних моделей, эта будет продаваться с комплектом за-

пчастей. И, наконец, в-третьих, мы предлагаем вам условия платежа более выгодные, чем у наших конкурентов.

— К тому же, наш прибор будет пользоваться спросом. Мы в этом уверены.

— Но всё-таки наша фирма в определённой степени рискует.

— Любой бизнес — это риск. Знаете, как у нас говорят? Кто не рискует, тот не выигрывает! Мы тоже рискуем, потому что не исключено, что другая фирма буквально завтра может предложить нам более высокую цену. Обдумайте наше предложение, и завтра мы продолжим переговоры.

参考译文

— 先生们,早上好,请坐。今天我们应该商定仪器的价格。

— 科托夫先生,我们认为你们在商务报价中报的显微镜价格过高了。我们将一些竞争材料转给你们,从这里可以看到,这种显微镜在国际市场上的价值约便宜4%。

— 我们研究了这些竞争材料并准备迎合你们,我们同意将我们的报价降低4%。

— 好。这个价格对我们合适。

— 现在我们来谈夜光仪器的价格。

— 我们不能按照你们的报价出售。

— 我们不这样认为。这原则上是新型号,而国际市场上类似的这种仪器暂时还没有。

— 您说的对,但问题是价格。

— 维克多·谢尔盖耶维奇,请允许我论证这个价格。首先,新型号仪器符合现代所有要求。第二,与以前的型号不同,这种型号将与备件配套出售。还有最后,第三,我们向你们提出的支付条件比我们的竞争对手要有利。

— 而且,我们的仪器将会畅销。我们对此有信心。

— 但我们公司在一定程度上还是有风险的。

— 任何生意都是有风险的,你们知道,我们通常怎么说吗?谁不冒险,谁就不会赢。我们也在冒险,因为不能排除明天就有另外一家公司给我们报更高的价格。好好考虑一下我们的提议,明天我们继续谈判。

&

— Итак, господа, сегодня мы должны обсудить условия поставки.

— Было бы идеально, если бы мы начали получать партии товара как можно быстрее.

— В какие сроки?

— Не позже, чем через три месяца после подписания контракта. Нам выгодно начать продавать новую модель как можно раньше, пока она не устарела.

Тема 10

— Смею вас уверить, что эта модель ещё долго не будет иметь конкурентов! Петр Михайлович, готовы ли мы отгрузить товар в нужные сроки?

— Да. Партия микроскопов к отгрузке готова полностью. Новые приборы будут готовы к отправке практически через неделю.

— У вас говорят, что обещанного три года ждут? Я шучу, конечно!

— Вы будете ждать обещанного три месяца! Это не шутка! Теперь об условиях поставки. Мы берём на себя только доставку товара и порт. Погрузка товара на судно, фрахт, страхование осуществляется за счёт покупателя.

— Это увеличивает наши расходы.

— Именно поэтому мы даём вам скидку девять процентов.

— Хорошо, мы согласны на эти условия.

— Господа, если вы не возражаете, мы сделаем небольшой перерыв и выпьем по чашечке кофе. А затем продолжим разговор. Вы не против?

— Нет-нет, что вы! Это прекрасная мысль!

参考译文

— 好,先生们,今天我们应该商定供货条件。
— 如果我们能尽快开始收到批量货物就好了。
— 什么期限?
— 不晚于合同签订后的3个月。趁新型号还没有过时,我们开始尽早地销售,我们会有利。
— 我向你们保证,这种型号很久都不会有竞争对手的。彼得·米哈伊洛维奇,你们准备好按需要日期装货运走吗?
— 是的。一批显微镜已经完全准备好装货运走了。新的仪器将在一周后准备好运走。
— 你们通常说许诺不可信吧? 我当然是开玩笑。
— 你们就等着许诺的3个月吧! 这不是开玩笑! 现在来谈供货条件。我们只承担送货和港口费用。货物装船,运费及保险由购货者承担。
— 这会加大我们的花费。
— 就是因为这个我们给你们9%的折扣。
— 好。我们同意这些条件。
— 先生们,如果你们不反对,我们休息一会儿,喝杯咖啡。然后再继续谈。你们不反对吧?
— 不,不,看您说的? 这是个好主意。

九
— Мы планируем изменить условия поставки.
— Очень хорошо! Когда вы их измените?

— Не могу сказать. К сожалению, я точно не знаю.
— Когда вы сможете дать окончательный ответ?
— Дня через два.

参考译文

— 我们计划改变供货条件。
— 很好！你们什么时候改变供货条件？
— 我不能答复你。很遗憾,我不知道。
— 您什么时候能给我最终答复？
— 大约2天后。

10.

— Александр Александрович, давайте обсудим финансовую сторону вопроса. В какой валюте вы хотели бы получить оплату?
— А какие у вас есть варианты? Что вы можете предложить?
— Мы могли бы заплатить в свободно конвертируемой валюте, например, в немецких марках или в рублях.
— Олаф, я думаю, что нас устроят рубли. С другой стороны, нам потребуется немецкая валюта, когда мы будем расплачиваться с вами за вашу продукцию.
— Так что вы предлагаете? Я не понял.
— Вот что... Думаю, что мы могли бы принять половину оплаты в марках, а другую в рублях. Что вы скажете, Олаф?
— Это было бы неплохо. Но позвольте мне проконсультироваться по этому вопросу у нашего юриста. Хорошо, Александр Александрович?
— Если всё в порядке, то как скоро деньги будут на нашем счёт?
— Достаточно быстро. Да, это займёт дней пять...
— Итак, когда я смогу узнать о результатах ваших переговоров с юристом?
— К этой теме мы сможем вернуться через неделю. Вас это устроит?
— Хм-м. Вообще-то, Олаф, чем скорее, тем лучше. Как насчёт пятницы?
— Ну, хорошо. В пятницу, Александр Александрович, я буду готов вам ответить.

参考译文

— 亚历山大·亚历山德罗维奇,我们商定一下财务问题。你们想获得哪种货币的付款？
— 那你们有什么样的方案？你们有什么建议？
— 我们可以支付能自由兑换的货币,如德国马克或卢布。

— Олаф, 我觉得, 卢布更适合我们。另一方面, 当我们与你们结算你们的产品时还需要德国货币。

— 那你们到底要什么? 我没明白。

— 啊……我想我们可以接受一半支付马克, 而另一半支付卢布。您看呢, 奥拉夫?

— 这样很好。但这个问题请允许我咨询一下我们的律师。好吗, 亚历山大·亚历山德罗维奇?

— 如果一切顺利, 那多长时间钱会打到我们账户上?

— 会相当快。是的, 这需要5天左右……

— 好, 什么时候我能知道你们与律师谈的结果?

— 一周后我们重新谈这个话题。这样合适吗?

— 好。奥拉夫, 总之越快越好。周五怎么样?

— 好吧。亚历山大·亚历山德罗维奇, 周五我将准备好答复您。

Ⅲ.

— Рад приветствовать вас, господа. Садитесь. Сегодня, я думаю, у нас последняя деловая встреча.

— Вчера вечером мы говорили с Лондоном. Наша фирма предлагает вам два варианта платежа. Первый: мы открываем безотзывный подтверждённый аккредитив в лондонском филиале российского банка, с которым вы имеете дело. Второй: учитывая, что мы закупаем небольшую партию товара, возможна оплата по факту получения.

— В данный момент для нас предпочтительнее второй вариант.

— В таком случае в день доставки груза в порт вы получаете по нашему чеку полную сумму платежа в Интеркомбанке, как это и будет записано в контракте.

— Договорились, нас это устраивает.

— Мы надеемся, что после этой пробной партии мы наладим с вами взаимовыгодное сотрудничество на постоянной основе. И при закупке крупных партий товара мы будем производить платежи по аккредитиву.

— Должен заранее предупредить вас, господа, что мы не сможем согласиться на рассрочку платежей, так как сейчас нам нужны огромные средства на модернизацию и расширение производства.

— Я уверен, что мы найдём приемлемое решение. Мы хотим сотрудничать с вами, потому что мы уже знаем вашу фирму. А старый друг, как известно, лучше новых двух. Нам было приятно работать с вами.

— Благодарю вас, взаимно.

参考译文

——先生们,欢迎你们。请坐。我想今天我们是最后一次商务会面。

——昨天晚上我们与伦敦谈了。我们公司建议你们两种支付方式。一种是:我们在一直与其打交道的俄罗斯银行的伦敦支行开一个不可撤销的确认信用证。第二种是:考虑到我们购买的商品数量较少,可以货到付款。

——目前我们觉得第二种方式更适合我们。

——这样,在把货物运至港口这天你们可根据我们的货票在国际商业银行收到支付的全款,就像我们将在合同中所写的那样。

——好,这样我们很满意。

——我们希望,在尝试这批货物之后我们将在稳定的基础上调整好与你们的互利合作。而且在购买大批量商品时我们将用信用证支付。

——先生们,我应该事先提醒你们,我们不能同意分期支付,因为现在我们需要大量资金进行现代化和扩大生产。

——我相信,我们能找到合适的方案,我们想与你们合作,因为我们对你们公司已经很了解,众所周知,一个老朋友胜过两个新朋友。我们与你们打交道非常愉快。

——谢谢您,都是相互的。

12.

— Вы знаете, я по профессии инженер и совсем не разбираюсь в бухучёте. Но по поручению руководства фирмы я должен урегулировать вопрос о претензии, которую мы на днях получили от вас. Мне говорили, что вы очень опытный бухгалтер и знаете толк в этих делах. Помогите мне выяснить, в чём тут дело.

— С удовольствием. Сейчас я введу вас в курс дела. Вот копия контракта. В контракте предусмотрено, что за каждый день просрочки платежа с момента прибытия товара в порт назначения получатель выплачивает штраф в размере 0,1% от продажной цены. А теперь посмотрите: деньги перечислены на наш счёт в банке с опозданием на 10 дней. Поэтому мы выставили счёт вашей фирме на оплату штрафа в размере 10% от договорной цены.

— Но мы не могли просрочить платёж! Вот копия платёжного поручения нашему банку: деньги в сумме 100 000 долларов перечислены своевременно.

— Разрешите посмотреть. Да, вы правы. Значит, истинный виновник просрочки платежа — российский банк. Просим извинить за беспокойство.

— Ничего страшного. Очень приятно было познакомиться не только с опытным бухгалтером, но и с такой милой женщиной. Кстати, не могли бы мы с вами пообедать сегодня вместе в ресторане «Националь»?

Тема 10

— Спасибо за приглашение. Но, к сожалению, я не могу его принять: слишком много работы! Нужно закончить квартальный и годовой балансы и сдать отчёт в налоговую инспекцию. А потом нужно послать факс венгерской фирме «Сатурн», которая с нами не рассчиталась за поставленный товар.

— Постойте-постойте! Я слышал, что эта фирма обанкротилась. Может быть, это только слухи, но ведь дыма без огня не бывает.

— Жаль, если это так: это наши старые партнёры. Да, сейчас в России кризис неплатежей.

参考译文

——您知道,我的职业是工程师,完全不懂会计核算。但按照公司领导的安排我应该调节一下最近几天我们收到你们提出的索赔问题。听说您是有经验的会计,非常了解这些事情,请帮我弄清楚是怎么回事。

——很高兴,现在我让您了解一下,这是合同复印件。在合同中预先规定,从货物到达目的港口之时起收货人因逾期未付款每天支付销售价格的0.1%罚金。现在您看看:货款打到我们的银行账户上晚了10天。所以我们给你们公司打出了支付合同价格10%的罚金账单。

——但我们没有逾期未付呀!这是给银行的支付委托书的复印件:10万美元的钱款已按时打入。

——请让我再看一下,是的,您是正确的,就是说,真正的逾期未付的过错方是俄罗斯银行,打扰您了,请原谅。

——没关系。很高兴与您这样有经验的会计,同时又这么可爱的女士相识,顺便问一下,今天我们是否可以在"民族"饭店共进午餐?

——谢谢您的邀请。但很遗憾,我不能接受:因为我有太多工作要做。需要完成季度和年度资产负债表并将报表交到税务检查局。然后还要给匈牙利的"萨图尔斯"公司发传真,这家公司没有向我们支付发货的钱款。

——等等,等等!我听说,这家公司破产了。可能这只是传闻,但要知道无风不起浪呀。

——如果是这样,我们感到很遗憾,这是我们的老伙伴。是的,现在俄罗斯到处是欠款危机。

Тема 11

Транспортировка. Таможня
运输、海关

1.

— Здравствуйте, Виктор Сергеевич. Я звоню, чтобы узнать, когда к нам придёт первая партия оборудования для нового цеха?

— Здравствуйте, Пётр Михайлович. Вы звоните как раз вовремя, мы только что получили факс: это оборудование уже пришло. Завтра начинаем разгрузку судов, и через пару дней весь груз будет у вас.

— Хорошо. Прямо гора с плеч свалилась.

— Не волнуйтесь, Пётр Михайлович. Лиха беда — начало, а потом всё пойдёт как по маслу.

— Будем надеяться. Самое главное, чтобы мы пустили цех в начале следующего года, не позднее февраля. Иначе мы подведём наших заказчиков.

— Всё идёт по плану. Не забывайте, что в пуске цеха заинтересованы не только вы, но и акционерное общество в целом. Поэтому мы сделаем всё от нас зависящее, чтобы пустить ваш цех в срок. Приготовьтесь к приёму груза. До свидания.

— До свидания, Виктор Сергеевич.

参考译文

— 您好,维克多·谢尔盖耶维奇。我打电话是想知道我们新车间所需要的第一批设备什么时候到达?

— 您好,彼得·米哈伊洛维奇。您打电话正是时候,我们刚刚收到传真:设备已经到了。明天我们卸货,两天后全部货物将到达你们那里。

— 好。简直是如释重负。

— 别担心,彼得·米哈伊洛维奇,万事开头难,然后就会一切顺利。

— 让我们期待吧。最重要的是让我们的车间在明年初,不晚于2月份开始投入生产。否则我们就会使我们的订购者为难。

— 一切都按计划进行。车间开工不仅你们感兴趣,整个股份公司都感兴趣。所以我们会尽力做好取决于我们的一切,使你们的车间按期开工。准备接货吧。再见。

Тема 11

— До свидания, Виктор Сергеевич.

2.
— Итак, господа, давайте продолжим. У нас есть некоторые соображения относительно погрузки приборов. Мы считаем, что их лучше погрузить на судно сразу же, как только мы доставим их в порт. Опыт показывает, что это поможет избежать повреждения приборов.

— Согласны. К тому же это позволит нам избежать расходов на хранение товара в порту.

(Телефонный звонок)

— Извините, я отвечу по телефону... Да, так что у нас с погрузкой?

— Одна английская фирма согласна взять наш груз на борт судна, которое отплывает на следующей неделе.

— Ну что ж, свет не без добрых людей. А вы уверены в полной сохранности груза?

— Абсолютно. Наш груз будет помещён в отделе судна, где будет находиться большая партия изделий из хрусталя и фарфора. Так что сохранность груза гарантирована.

— Когда отплывёт судно? Вы знаете точную дату?

— Сегодня мы созвонимся с представителем этой фирмы в Москве, и как только мы узнаем дату отплытия судна, мы сразу же сообщим вам точную дату погрузки.

— Тогда всё в порядке. Ждём вашего звонка.

— Думаю, что мы позвоним вам прямо сегодня. Ну в крайнем случае завтра в первой половине дня.

— Прекрасно.

— 好,先生们,我们继续吧。我们对装载仪器有一些意见。我们认为我们一把仪器运到港口,最好马上装船。经验表明,这样可以避免仪器损坏。

— 同意,而且这样可以避免发生港口货物存留费用。

(电话铃声)

— 对不起,我接个电话……货物装载怎么样?

— 一家英国公司同意把我们的货物装上船,船于下周启航。

— 好吧,世界上还是好人多,那您确认保证货物完好无损吗?

— 绝对确认,我们的货物将放在船上的专区内,这里将放置一大批水晶和瓷制品。所以可以保证货物完好无损。

— 船什么时候启航?您知道准确的日期吗?

— 今天我们将于这家公司在莫斯科的代表通话，我们一知道起航的日期，马上就通知你们装货的准确时间。
— 那好吧，等您的电话。
— 我想，我们就在今天会给您打电话。最晚明天上午打。
— 很好。

— Доброе утро. Я хотел бы получить груз фирмы «Океан».
— Вашу накладную, пожалуйста. Штамп таможни есть?
— Да. Вот, пожалуйста.
— Так. Вы должны были получить груз пять дней назад. Оплаченный срок хранения вашего груза истёк.
— Не может быть! Нам позвонили только вчера!
— Правильно. Вам потому и позвонили, что ваш груз принят на хранение до десятого сентября, а сегодня уже пятнадцатое.
— Что я должен сделать, чтобы сегодня получить груз?
— Нужно внести дополнительную плату за хранение груза: за день хранения ста килограммов груза — пять долларов.
— Вы знаете, документы оформлял другой сотрудник, а я ничего не знал. Войдите в наше положение.
— К сожалению, ничем помочь не могу. Груз нужно получать вовремя, кто бы ни оформлял документы. А то, как говорится, у семи нянек дитя без глазу!
— Ну хорошо-хорошо. Как мне сейчас получить груз?
— Нужно заплатить за хранение, включая сегодняшний день. Получается пять дней. Вес груза пятьсот килограммов. Значит, с вас сто двадцать пять долларов.
— Как это так?! Ведь мы сегодня уже забираем груз. Значит, не пять дней, а четыре!
— Плата берётся не за часы, а за сутки. Даже если бы вы забирали груз в два часа ночи, то всё равно заплатили бы за целые сутки.
— Да-а... Ну и порядки тут у вас!
— Когда вы забираете груз?
— Прямо сейчас. Где платить?
— Здесь. Так. Распишитесь вот на этой квитанции. Теперь можете получить ваш груз по этой квитанции в конце зала.

Тема 11

参考译文

— 早上好。我想取"海洋"公司的货物。
— 请出示您的取货单。有海关的印章吗?
— 有。给您。
— 好。您应该5天前取货。保存你们货物的支付期限已到期了。
— 不可能!我们昨天才接到电话。
— 对,给你们打电话的原因就是你们的货物保存到9月10日,而今天已经15日了。
— 要想取到货我应该做什么?
— 需要补交保存货物的费用:保存100公斤货物每天付5美元。
— 您知道,文件是另外一个工作人员办理的,而我什么也不知道。请考虑我们的情况。
— 很遗憾,我无法帮您。无论是谁办理的文件,货都要按时取。否则,常言道,人多反而误事。
— 好,好。现在我应该怎么取货?
— 需要支付保存费用,包括今天的。共5天。货物重量是500公斤。就是说,您要支付125美元。
— 怎么会这样,今天我们就取货呀。就是说不是5天,而是4天。
— 费用不是按小时付,而是按昼夜付。即使你们夜里2点取走货物,也要支付整昼夜的。
— 好吧……你们这是什么制度啊(你们的制度太不合理了)!
— 你们什么时候取货?
— 现在就取。在哪儿付款?
— 在这儿。请在发票上签字。现在你们可以根据这张发票在大厅尽头取货。

4.

— Здравствуйте. Здесь можно получить груз?
— Да. Ваши документы, пожалуйста.
— Вот накладная. Это доверенность на получение груза. А это квитанция об оплате хранения груза.
— Так-так-так. Всё в порядке. В какой упаковке ваш груз?
— У нас пять ящиков и двадцать шесть коробок.
— Так. Номер двадцать один - пятнадцать. Вот, кажется, эти. Проходите, пожалуйста, сюда.
— Извините, но это не наши ящики!
— Как не ваши?! У меня указаны номера этого отделения и этой полки.
— М-да. Чем дальше в лес, тем больше дров! Сначала взяли дополнитель-

ную плату, а теперь груз потеряли!

— Потеряться ваш груз не может! А вот эти ящики не ваши?

— Нет. Это совсем не те ящики!

— Ну хорошо, не волнуйтесь. Сейчас всё найдем. Ума не приложу, куда ваши ящики могли деться? Так, пройдите сюда, пожалуйста. Это не они?

— Да, вот это наши ящики! И коробки тоже наши.

— Слава богу! А то я уж подумал, не отдали ли их по ошибке кому-нибудь другому.

— У вас и такое бывает?

— Очень редко, но бывает, ведь мы работаем круглосуточно и очень устаём. Распишитесь вот здесь. И не забудьте закрывать машину, когда будете переносить коробки. А то останетесь без груза.

— Спасибо.

参考译文

— 您好。可以在这儿取货吗?
— 是的,请出示您的文件。
— 这是取货单,这是取货证明。而这是存货支付发票。
— 好,一切正常。你们的货物是什么包装?
— 5个箱子和26个盒子。
— 好,21号~15号,好像是这些。请到这里来。
— 对不起,这不是我们的箱子!
— 怎么不是你们的呢?! 我这儿标的是这个区和这个搁架的货号。
— 是的。事情越来越复杂。先收了补交费,货物又丢了!
— 你们的货不可能丢! 这些箱子不是你们的吗?
— 不是。这根本不是那些箱子!
— 好,不要着急。现在我们会找到。我弄不明白,你们的货能放到哪儿去呢? 请到这里来。这不是你们的货吗?
— 是的,这是我们的箱子! 盒子也是我们的。
— 谢天谢地! 否则我还认为,我们把你们的货错给了别人。
— 你们这儿常发生这样的事吗?
— 不常有,但是有,因为我们昼夜工作,很疲劳,请在这儿签字。在你们搬盒子时,不要忘记盖上机器。否则你们的货就没有了。
— 谢谢。

5.

— Алло, здравствуйте. Это транспортная компания?

— Да. Слушаем вас.

Тема 11

— Это директор торговой фирмы «Аргумент» Иван Чесноков.
— Добрый день. Менеджер Сергей Кириллов.
— Скажите, пожалуйста, вы занимаетесь перевозками по СНГ?
— Да, мы оказываем такие услуги.
— Помогите, пожалуйста.
— С радостью. Какой у вас груз?
— Мы продаём календари в Казахстан.
— Календари? Какие?
— Да разные: настенные, настольные, карманные, годовые, квартальные.
Из бумаги, стекла и пластика.
— Это специфический груз...
— Не беспокойтесь. Они в коробках.
— Какие габариты коробки? Какая длина, ширина, высота?
— 80х50х70 см (восемьдесят на пятьдесят, на семьдесят сантиметров).
— Какой вес коробки?
— 15 кг (пятнадцать килограммов).
— Сколько коробок?
— 154 коробки.
— Это всё? Или что-нибудь ещё?
— Нет, это весь товар.
— Какая цена календарей?
— От двадцати до ста евро.
— Какая вся стоимость груза?
— Двадцать тысяч евро.
— Это всё?
— Да, спасибо. До свидания.

参考译文

— 喂,您好。这是运输公司吗?
— 是的,请讲。
— 我是"论据"贸易公司的经理伊凡·切斯诺科夫。
— 您好,我是业务经理谢尔盖·基里尔洛夫。
— 请问,你们做独联体国家运输吗?
— 是的,我们提供这样的服务。
— 请帮助我们。
— 很高兴。你们是什么货?
— 我们往哈萨克斯坦销售日历。

— 日历？什么样的？
— 各种各样的：挂历、台历、袖珍历、年历、季度日历。用纸、玻璃和塑料制作的。
— 这是特殊货物……
— 别担心，是装盒的。
— 盒子尺寸是多少？长、宽、高是多少？
— 80×50×70cm。
— 盒子的重量是多少？
— 15 公斤。
— 多少个盒子？
— 154 个。
— 就这些吗？或者还有别的？
— 没有，这是全部货物。
— 日历的价格是多少？
— 20～100 欧元。
— 货物的全部价值是多少？
— 20000 欧元。
— 就这些吗？
— 是的，谢谢。再见。

— Торговая фирма «Аргумент». Добрый день.
— Алло, здравствуйте. Это менеджер транспортной компании Кириллов. Можно поговорить с директором Иваном Чесноковым?
— Я вас слушаю. Очень рад, что вы перезвонили. Скажите, пожалуйста, какие у вас условия перевозки?
— А какой вид перевозки? Авиа-, морская, железнодорожная или автомобильная?
— У нас специфический товар, из бумаги, стекла, пластика... Наверное, лучше автомобильная.
— Пожалуйста.
— Какой срок перевозки?
— Весь груз — в Казахстан?
— Да, всю партию товара отправляем в Казахстан.
— Тогда — 5 дней.
— Так долго? «Время — деньги».
— Это не долго. У нас современные трейлеры.
— А у нас прекрасные календари... Ну ладно, сколько трейлеров?
— Два трейлера.

Тема 11

— Почему два? Какие габариты вашего трейлера? Какая длина, ширина, высота?
— 14х2х2,5 м (четырнадцать на два и на два с половиной метра).
— А какая грузоподъёмность?
— Двадцать пять тонн (25 т).
— Простите, сколько?
— Двадцать пять тысяч килограммов (25 000 кг).
— Вы перевозите весь груз сразу?
— Да, всё сразу.
— Какие у вас цены на перевозки?
— Минуточку. От тысячи до полутора тысяч евро за тонну. Извините, у нас новые цены.
— Пришлите, пожалуйста, по факсу счёт-фактуру.
— Хорошо.
— Спасибо. Всего доброго.
— До свидания.

参考译文

— 这是"论据"贸易公司。您好。
— 喂，您好。我是运输公司的业务经理基里尔洛夫。可以与伊凡·切斯诺科夫经理通话吗？
— 我就是，很高兴，您能回话。请问，你们的运输条件是什么？
— 你们要什么运输形式？航空、海上、铁路还是公路运输？
— 我们的货物比较特殊，用纸、玻璃、塑料制的……大概公路运输比较好。
— 好的。
— 运输的期限是多少？
— 都运往哈萨克斯坦吗？
— 是的，整批货都运往哈萨克斯坦。
— 那是5天。
— 这么长时间？"时间就是金钱"。
— 这不算长。我们用的是现代化的拖车。
— 而我们的日历很漂亮啊……好啦，几个拖车？
— 两个拖车。
— 为什么两个拖车？
— 你们拖车的尺寸是多少？长、宽、高是多少？
— 14×2×1.5m。
— 那载重量是多少？

— 25 吨。
— 对不起,是多少?
— 25000 公斤。
— 你们是一次运所有货物吗?
— 是的,一次运所有的货。
— 运费是多少?
— 稍等,每吨 1000~1500 欧元。对不起,我们的价格是新的。
— 请将发货账单传真给我们。
— 好。
— 谢谢,再见。
— 再见。

7.

— Скажите, пожалуйста, как производится таможенный контроль?
— Вам надо исполнить все таможенные формальности.
— А какие именно?
— Сначала вы пройдёте паспортный контроль.
— А потом что надо делать?
— Потом надо заполнить таможенную декларацию. Когда вы заполните её, пройдёте таможенный досмотр и предъявите вещи для досмотра.
— К кому надо обратиться, если у меня будут вопросы?
— Если у вас возникнут вопросы, вы можете обратиться к таможеннику, который объяснит вам таможенные правила.
— Спасибо.

参考译文

— 请问,如何进行海关检查?
— 您要完成所有的海关手续。
— 是什么手续?
— 首先您要通过护照检查。
— 那然后做什么呢?
— 然后应当填写报关单。填完报关单,通过海关检查并出示要检查的物品。
— 如果我有问题去找谁?
— 如果有问题,您可以去找海关工作人员,他会向您解释清楚海关规则。

8.

— С вами говорят с фирмы «Океан». Нам нужно растаможить груз. Скажите, какие документы я должен представить?
— Список всех необходимых документов вывешен у нас на стене, так что

Тема 11

вы можете приехать к нам и посмотреть. Если у вас будут проблемы с заполнением таможенной декларации, вы можете обратиться в фирму «Декларант», они вас проконсультируют и помогут вам правильно составить декларацию.

— А вы не подскажете, как мне найти эту фирму? Может быть, у вас есть их адрес или телефон?

— Их офис находится у нас, в таможне, так что приезжайте сюда. После того как вы заполните все документы и заплатите таможенную пошлину, вам нужно будет прийти к инспектору, который проверит ваши документы и даст разрешение на получение груза.

— В какие часы можно к вам приехать?

— График работы инспекторов висит на каждом кабинете.

— Вы очень любезны. Большое спасибо за консультацию.

— Не стоит. Это моя работа.

— 我是"海洋"公司。我们要为货物办理海关手续。请问,我应该出示什么文件?

— 所有的必须文件都挂在我们的墙上,所以您要到我们这儿来看一看。如果填报关单您有问题,请找"报关员"公司,他们会为您提供咨询并帮助您正确填写报关单。

— 您能提示一下,我怎么找到这家公司?可能您有他们的地址和电话?

— 他们的办公室在我们海关,所以您就到这儿来吧。在您填完所有的文件并付完海关关税后,您需要找检查员,他会检查您的文件,提供取货许可。

— 什么时间可到您那里去?

— 检查员的工作时间表挂在每个办公室上。

— 您的服务很好,谢谢您提供的咨询。

— 不用客气,这是我的工作。

9

— Можно?

— Андрей? Вернулся? Ну проходи. Как дела?

— Хуже не придумаешь. Сегодня был у инспектора в таможне, он проверил документы и заявил, что мы нарушили таможенные правила и что он вынужден назначить инспекторскую проверку товара. А это автоматически означает, что мы должны будем заплатить большой штраф.

— Погоди, ничего не понимаю! Как это получилось? Почему мы нарушили правила?

— Потому что в этой фирме «Декларант» мне сказали, что если я заплачу им дополнительно, то они проставят в таможенной декларации такой код товара, который освобождает от НДС. Ну я и согласился. А инспектор посмотрел сертификат на товар и сразу же обнаружил это несоответствие.

— Да, неприятное дело. А что ты сказал инспектору?

— Сказал, что это ошибка, что я по неопытности неправильно посмотрел кодификатор. Теперь надо писать объяснение в таможню.

— Ладно, не вешай нос. За одного битого двух небитых дают! Так, кажется, у вас говорят? Завтра поедем в таможню вместе. Попробую всё утрясти.

— Пожалуй, не стоило этого делать. Да?

— Конечно. В таком деле нужно быть предельно осторожным. Законы нужно уважать.

— Да-а, это мне наука, теперь буду знать.

— Ну ничего. Думаю, всё обойдётся.

— Хорошо бы.

参考译文

— 可以进来吗？

— 安德烈？回来了？请进，事情怎么样？

— 没有再坏的消息了。今天我去找了海关检查员，他检查了文件并宣称，我们违反了海关规则，并且他必须要对货物进行检查，这很显然意味着，我们将支付一大笔罚金。

— 请等一下，我一点儿不明白。怎么是这样？为什么我们违反了海关规则？

— 因为"报关员"公司告诉我们，如果我补交费用，他们就会在报关单上注明免缴增值税的货物条码，我同意了。而检查员看了商品证书后，立刻发现了不符之处。

— 啊，很糟糕的事。那你对检查员说什么了？

— 我说弄错了，因为我没经验看错了编码。现在需要写明解释交给海关。

— 好吧，别灰心。老将出马，一个顶俩。你们常这样说吧？明天我们一起去海关。我试一试解决好一切问题。

— 好像，先前我们不值得这么做。是吧？

— 当然。这种事需要格外小心。应该尊重法律。

— 是的，这对我是个教训，现在我知道了。

— 没关系。我想一切都会好的。

— 但愿吧。

Тема 12

Покупки. Экскурсии. Путешествия
游览、旅行

1.
— Покажите, пожалуйста, настольную лампу!
— Какую вам?
— Вон ту, чёрную.
— Пожалуйста.
— А ещё покажите, пожалуйста, вентилятор.
— Какой вам?
— Вон тот, напольный, за тысячу рублей.
— Пожалуйста.
— Выпишите, пожалуйста, товарный счёт.
— Вот ваш товарный счёт, вам нужно оплатить его в кассе. Там же вы должны получить и кассовый чек.

参考译文

— 请把台灯拿来看一下！
— 你要哪个？
— 就那个黑的。
— 给您。
— 再把风扇拿来看一下。
— 哪个？
— 就那个落地式的，一千卢布的。
— 给您。
— 请给我开货款单。
— 这是您的货款单，您需要到交款处交款。在交款处您还应该拿到取货单。

2.
— Добрый день. Могу я вам помочь? Что вы хотите?
— Будьте любезны, мне хотелось бы посмотреть это кольцо.
— Какой вам нужен размер?
— Точно не знаю. Можно семнадцатый.

— Вот, пожалуйста, 17,5 (семнадцать с половиной).
— Можно примерить?
— Конечно.
— Девушка, извините, можно вас?
— Да, пожалуйста.
— Вы не могли бы примерить это кольцо.
— С удовольствием. Красивое колечко. Даже не хочется снимать.
— Вам нравится?
— Очень. Вообще я люблю украшения. Я часто бываю в этом универмаге.
— Вы артистка?
— Нет, я манекенщица.
— И вы работаете каждый день?
— Да, почти каждый день я меряю новые украшения, но редко покупаю их.
— И вам нравится ваша работа?
— Да, нравится. А вам нравится это кольцо?
— Конечно!
— Тогда советую вам купить его побыстрее.

参考译文

— 您好。我可以帮您吗？您想看什么？
— 劳驾，我想看看这枚戒指。
— 您要多大号的？
— 我不知道。17号的可以。
— 给您，17.5号的。
— 可以试试吗？
— 当然。
— 姑娘，对不起，可以麻烦您吗？
— 是的，可以。
— 您能不能试一试这枚戒指？
— 很高兴。很漂亮的戒指。甚至不想摘下了。
— 您喜欢吗？
— 很喜欢。总之我喜欢装饰品。我常来这家商店。
— 您是演员吗？
— 不是。我是模特儿。
— 那您每天都工作吗？
— 是的，几乎每天我都试装饰品，但很少买。
— 那您喜欢您的工作吗？

Тема 12

— Да,喜欢。您喜欢这枚戒指吗?
— 当然!
— 那建议您快点把它买下来。

— Магазин русских сувениров. Здравствуйте.
— Добрый день. Скажите, пожалуйста, у вас есть сегодня в продаже изделия с палехской миниатюрой?
— Да, у нас есть шкатулки с лаковой миниатюрой на темы русских народных сказок.
— Только шкатулки?
— Нет, не только. Есть записные книжки, блокноты с палехской лаковой миниатюрой.
— Спасибо.
— Вы знаете, только что к нам поступил комплект из трёх предметов: медальона, браслета и театральной сумочки. Это авторская работа, и только в одном экземпляре.
— И они тоже с палехской росписью?
— Да. Очень интересная работа.
— Хорошо. Я спущусь через десять минут.
— Я отложу для вас этот комплект на десять минут.
— Спасибо. А скажите, пожалуйста, у вас есть миниатюры с изображением русских соборов?
— Вы имеете в виду эмаль на металле?
— Да-да, именно это.
— Есть. Пять видов. Кстати, у нас есть картины с соборами в виде инкрустации на дереве.
— Спасибо за информацию. Я всё это обязательно посмотрю. Я буду у вас примерно через десять минут.
— Пожалуйста.

参考译文

— 这是俄罗斯纪念品商店。您好。
— 您好。请问,你们这儿今天有卖帕列赫小型彩画制品的吗?
— 是的,我们有俄罗斯民间童话题材的涂漆小型彩画首饰盒。
— 只有首饰盒吗?
— 不,不只是有首饰盒。还有记事簿,带有帕列赫小型彩画的活页本。
— 谢谢。

— 您看,我们这儿刚到一个三件套:颈饰、手镯和女用装饰小手提包。这是有版权的制品,而且只有一件。
— 它们也是带帕列赫小型彩画的吗?
— 是的。这件制品很有意思。
— 好。我10分钟后下楼。
— 我将这个三件套给你留10分钟。
— 谢谢。请问,你们有带俄罗斯教堂画像的小型彩画吗?
— 您指的是金属搪瓷器皿吗?
— 对,对,就是这个。
— 有。有5种。对了,我们有带木制镶嵌教堂的画。
— 谢谢您的信息。我一定去看这些制品。大约10分钟到你们那儿。
— 好。

4

— Добрый день. Я хотел бы купить что-нибудь для жены, в русском стиле.
— Мы получили сегодня палехские шкатулки. Авторские работы. Вас это интересует?
— Да. Покажите, пожалуйста.
— Вот. Посмотрите, пожалуйста, эти.
— Очень красиво. Особенно эта. Что здесь нарисовано?
— Это рисунок на тему сказки Пушкина о золотой рыбке. Знаете эту сказку?
— Да, конечно. Как это я сразу не догадался? Сколько она стоит?
— Пять тысяч.
— Ого! Почему так дорого? В прошлый приезд я купил шкатулку намного дешевле!
— Во-первых, это авторская работа. А во-вторых, инфляция! Сейчас все повышают цены, а дурной пример, как известно, заразителен.
— Да-а-а... Может быть, вы можете предложить что-нибудь ещё?
— Посмотрите вот эти платки. Чистая шерсть. И в русском стиле, как вы хотели.
— Да, это и в самом деле интересная вещь. А рисунки только такие?
— Да, остались только такие. Эти платки у нас очень быстро раскупают.
— Вы знаете, пожалуй, я возьму один платок. Сколько он стоит?
— Две тысячи.
— Хорошо. А что-нибудь для мальчика шести лет у вас есть?
— У нас есть деревянные игрушки. Ручная работа.
— Нет, спасибо, он уже вышел из этого возраста. Мне хотелось бы купить что-нибудь познавательное.
— Тогда вам лучше съездить в «Детский мир». Там много разных констру-

Тема 12

кторов и электронных игрушек.
— Спасибо. Я так и сделаю.

参考译文

— 您好。我想给妻子买俄罗斯风格的物品。
— 今天我们这里到货的有帕列赫首饰盒。具有版权的物品。您感兴趣吗?
— 是的。请拿来看一看。
— 请看这些。
— 很漂亮。特别是这件。这里画的是什么?
— 这是以普希金的金鱼的故事为题材的童话图画。您知道这个童话吗?
— 是的,当然。我怎么一下子没猜到呢?多少钱?
— 5000
— 噢!为什么这么贵?我上次来时买的首饰盒要便宜很多。
— 第一,这是版权作品。第二,通货膨胀!现在所有的人都抬高物价,而众所周知,不好的行为总是传染的。
— 是的......可能,您还可以给我提供其它商品吧?
— 请看一下这些头巾。纯毛的。也是像您想要的俄罗斯风格的。
— 是的,这确实是很有意思的东西。图案只有这样的吗?
— 是的,只剩这样的了。这些头巾很快就买光。
— 您看,我买一条吧。多少钱?
— 两千。
— 好。有没有适合6岁孩子的东西?
— 我们有木制玩具。手工产品。
— 不要,谢谢,他已经过了这个年龄。我想买增长知识的东西。
— 那您到"儿童世界"为好。那里有许多各种各样的模型和电子玩具。
— 谢谢。我就这么做。

5

— Марина! Какая встреча! Добрый день. Очень рад вас видеть.
— Какими судьбами?
— Очень просто, Марина: на метро!
— Я рада вас видеть. Вы интересуетесь живописью?
— Да. Но вот русскую живопись я знаю, к сожалению, плохо.
— Ничего страшного. Это легко исправить.
— А вы сюда часто ходите?
— Да. Третьяковка — это место, где я отдыхаю душой. Поэтому я люблю ходить сюда одна.
— Но, может быть, в виде исключения вы сегодня могли бы побыть моим

гидом?

— Ну что ж... Тогда давайте я вам покажу то, что люблю. Первым делом мы посмотрим иконы.

— С удовольствием. Кстати, это, по-моему, Андрей Рублёв.

— Совершенно верно. А вот эта икона Божьей матери, по преданию, в трудные дни спасала Россию от гибели.

— Интересно. Марина, а где здесь картина «Явление Христа народу»? Это, кажется, Репин?

— Нет! Это Иванов.

— Век живи — век учись! Вот, кажется, фрагменты этой картины? А вот и сама картина!

— Грандиозно, правда? Какие позы! Какие выразительные лица!

— Да-а. За один раз всё осмотреть невозможно, в следующее воскресенье я приду сюда снова. Обязательно! Я очень хочу посмотреть на пейзажи Шишкина и Левитана и на портреты Тропинина.

参考译文

——玛丽娜！真没想到见到您！您好！很高兴见到您。
——是哪阵风把您吹来的？
——很简单。乘地铁啊！
——很高兴见到您。您也对写生画感兴趣吗？
——是的。但是很遗憾,我不太了解俄罗斯写生画。
——没关系。这很容易改善。
——那您经常到这里来吗？
——是的。特列季亚科夫美术馆——这是我心灵休息的地方。所以我常一个人来。
——但可能今天例外,您可以作我的向导吗？
——好吧......那我就带您看我喜欢的作品。我们首先看圣像。
——很愿意。对了,我认为这是安德烈·鲁布廖夫。
——完全正确。据说,这座圣母圣像曾在困难时期挽救过俄罗斯免遭灭亡。
——很有意思。玛丽娜,而油画"基督出现在人们面前"在哪里？这好像是列宾画的吧？
——不是！是伊凡诺夫画的。
——活到老,学到老！这好像是这幅画的片段吧？这是完整的画！
——太宏大了,是吧？姿态各异！多么生动的面部！
——是的。不可能一次看完所有的画,下周日我还要到这儿来。一定来！我很想凝望希什金和列维坦的风景画,还有特罗皮宁的肖像画。

Тема 12

— Простите, вы не скажете, где Красная площадь?

— Нужно идти всё время прямо вниз по Тверской. Здесь недалеко, минут десять. Вы плохо знаете Москву?

— Да, я в Москве только третий день. А это Тверская улица?

— Да. Если хотите, пойдёмте со мной. Нам по пути. Я тоже иду в ту сторону.

— Чудесно!

— Ну, тогда в путь! Посмотрите налево: это памятник Пушкину. Обратите внимание, как много цветов у подножия этого памятника. Здесь всегда цветы, даже зимой.

— Я знаю, что русские очень любят Пушкина.

— Да, это так. Кстати, этой улице вернули её историческое название, а ещё совсем недавно она называлась улица Горького.

— У вас сейчас такая тенденция? Меняются все названия?

— Да. Но я считаю, что здесь нужно найти золотую середину. Ведь современные названия тоже отражают историю!

— Вы абсолютно правы. А это что за памятник?

— Это князь Юрий Долгорукий. Он основал Москву. Вы, наверное, знаете, что Москва основана в тысяча сто сорок седьмом году?

— К сожалению, нет. Мне нравится эта улица. Она такая уютная...

— Да. Ну, извините. Мне налево. А вам всё время прямо.

— Благодарю вас за экскурсию. Счастливо вам!

— Не за что. Вам идти ещё минут пять, не больше. До свидания.

参考译文

— 请问,红场在哪儿?

— 需要沿特维尔大街一直往下走。走不太远,10分钟左右。您不了解莫斯科吧?

— 是的,我来莫斯科才第三天。这是特维尔大街吧?

— 是的。如果您愿意,我们一起走吧。我们是同路。我也去那个方向。

— 太好了。

— 那出发吧! 请看左侧:这是普希金纪念碑。请注意,这个纪念碑的台座旁放着多少鲜花呀。这里总有花,甚至冬天也有。

— 我知道,俄罗斯人喜欢普希金。

— 是的,是这样。对了,这条街已恢复了它的历史名称,还是在不久前它叫高尔基大街。

——你们现在有这样的趋势吗？所有的名称都在变？
——是的，但是我觉得不应该走极端。要知道现代名称也能反映历史！
——您绝对正确。这是什么纪念碑？
——这是尤里·多尔戈鲁基。他建立了莫斯科。你可能知道，莫斯科建立于1147年？
——很遗憾，不知道。我喜欢这条街。这条街是那样的舒服……
——是的。对不起。我需要往左走。而您还是一直走。
——谢谢您与我一起游览。再见！
——不客气。您最多还走5分钟左右。再见。

7.

— Алло! Ирина, это ты? Говори громче!
— Я тебя прекрасно слышу. Здравствуй, Андрей.
— Как у вас дела? Как отдыхаете?
— У нас в общем всё в порядке. Только вот погода не очень хорошая.
— Холодно?
— Нет, не очень. Но постоянно моросит мелкий дождь. Мало загораем, потому что солнце всё время закрыто облаками.
— А море тёплое?
— Да, вода хорошая: двадцать градусов.
— Вот и прекрасно! Купайтесь, плавайте, а на солнце лежать вредно.
— А мы вчера ходили в горы. Красота необыкновенная! Правда, был сильный ветер, и мы немного замёрзли. Поэтому мы там пробыли всего два часа. Но впечатлений много, особенно у Славы.
— А у нас здесь такой туман, что я даже на дачу не ездил.
— Правильно, в туман опасно.
— Ну, отдыхайте. Позвони мне за день до отъезда из Сочи.
— Хорошо. Ой, выглянуло солнце! Мы пошли на пляж! Целуем тебя. Не скучай.
— Я вас тоже целую. Отдыхайте.

参考译文

——喂！伊丽娜，是你吗？大点儿声说！
——我听你说话很清楚。你好，安德烈。
——你们近来怎么样？休息得好吗？
——我们总的来说一切正常。只是天气不太好。
——冷吗？
——不，不太冷。但是下毛毛雨。太阳晒得很少，因为太阳总被云彩遮盖。

Тема 12

— 那大海温暖吗？
— 是的,海水很好:20 度。
— 太好了！洗澡吧,游泳吧,而在阳光下躺着会有害。
— 昨天我们去山里了。太美了！的确,风很大,我们有点儿冻坏了。因此我们在那儿只呆了两个小时。但是感想很多,特别是斯拉娃。
— 而我们这儿雾很大,我甚至连别墅都没去。
— 你是对的,雾天开车很危险。
— 好了,休息吧。从索契回来前一天给我打电话。
— 好。呀,太阳出来了！我们去沙滩了！吻你。我们不再别寂寞。
— 我也吻你们。休息吧。

🕮

— Добрый вечер, Роберт.
— Здравствуйте, Андрей. Очень рад.
— Роберт, я хочу обсудить с вами маршрут нашей загородной экскурсии.
— А может быть, ограничимся экскурсией по городу? Мне, право, неудобно причинять вам столько хлопот.
— Ну какие же это хлопоты? Мне ведь тоже интересно съездить в эти чудесные места.
— Тогда я готов.
— Итак, какие варианты я могу вам предложить. Можно поехать в Сергиев Посад, в Суздаль, в Архангельское.
— В Суздале я уже был.
— А в Сергиевом Посаде?
— Это ведь бывший Загорск?
— Совершенно верно.
— Тогда я тоже там был. А вот в Архангельском мы ещё не были.
— Это очень красивое место. Там огромный парк над рекой, старинный дом графа Юсупова и церковь. А в доме довольно интересный музей.
— Это как раз то, что нам нужно. Мы совместим приятное с полезным.
— Вот именно! Осмотрим музей и церковь, погуляем, покатаемся на лодках, а потом пообедаем в ресторане.
— Там ещё и ресторан есть?!
— Есть. И неплохой. Значит, я наведу справки и перезвоню вам завтра. Хорошо?
— Я буду ждать вашего звонка начиная с семи вечера.
— Тогда до завтра.

参考译文

——晚上好，罗伯特。
——您好，安德烈。很高兴见到您。
——罗伯特，我想与您商定一下郊外游览路线。
——要不还是局限在市内游览吧？的确，我很过意不去给您添这么多麻烦。
——有什么麻烦的呀？要知道到这些美丽的地方去我也很感兴趣。
——那好吧。
——好，我可以提供以下路线。可以去谢尔吉耶夫波萨德、苏兹达尔、阿尔汉格尔斯科耶。
——我已经去过苏兹达尔。
——而谢尔吉耶夫波萨德呢？
——这是过去的扎戈尔斯克吧？
——完全正确。
——那里我也去过。而阿尔汉格尔斯科耶我们还没去过。
——这是很美的地方。那里的河流上方有一个大公园，一座尤苏波夫伯爵古老的房子和教堂。而房子里有一个相当有意思的博物馆。
——这正是我们所需要的。我们把好的东西和有益的东西结合在一起。
——正是这样！我们参观博物馆和教堂、散散步、划一划船，然后我们在饭店吃饭。
——那儿还有饭店啊？！
——有。而且还不错呢。那这样，我再打听一下，明天给您打电话。好吗？
——我会从晚上7点等您的电话。
——那明天见。

9

— Музей-усадьба «Архангельское».
— Здравствуйте. Я хотел бы узнать, открыт ли музей?
— Открыт.
— А как он работает?
— Все дни, кроме понедельника и вторника, с десяти до семи.
— А что сейчас открыто, кроме музея?
— Все филиалы музея.
— А парк уже открыт после реконструкции?
— Да, парк для посещения открыт.
— И последний вопрос: лодочная станция работает?
— Да, в те же дни и часы.
— Спасибо большое.

— Пожалуйста.

参考译文

— 这是"阿尔汉格尔斯科耶"庄园博物馆。
— 您好。我想打听一下,博物馆开业吗?
— 开业。
— 工作时间如何?
— 除周一和周二,其它日子全天工作,10~7点。
— 除博物馆外,还有什么地方开业?
— 所有的博物馆分馆。
— 改造之后公园开了吗?
— 是的,公园开了,可以游览。
— 还有最后一个问题:船站开了吗?
— 是的,原来的日期和时间。
— 谢谢。
— 不客气。

10.

— Алло! Здравствуйте! Попросите, пожалуйста, Марию.
— Минутку.
— Привет, Мария, это Виктор.
— Привет! Рада тебя слышать! Как дела?
— Спасибо, отлично. Хочу пригласить тебя на показ коллекции Вячеслава Зайцева в его Дом моды. У меня уже есть два приглашения, поэтому отказ не принимается.
— Когда?
— Послезавтра в шесть часов вечера.
— Надо подумать. Я очень устала на этой неделе, много работы.
— Сейчас я прочитаю тебе, что написано в приглашении, и тогда ты сразу согласишься: «В салоне-магазине можно приобрести пальто и плащи, костюмы и платья — нарядные, деловые, повседневные, а также разнообразные аксессуары. В салоне индивидуальных заказов у вас примут заказы на одежду: концертные платья, большие вечерние туалеты, свадебные платья и костюмы». Так что ты сможешь не только посмотреть новые модели, но и что-нибудь заказать. Как говорится, убьёшь двух зайцев.
— Каких зайцев? При чём тут зайцы?
— Это значит, сразу сделаешь два дела.
— А-а. Понимаю. Но есть и другая пословица, тоже про зайцев: За двумя

зайцами погонишься, ни одного не поймаешь.

— Я думаю, для нашей ситуации эта пословица не подходит. Ну, что ты решила?

— Дело в том, что послезавтра ко мне приедет подруга, поэтому я, наверное, не смогу. Это тринадцатого января, да? В такой день лучше никуда не ходить: это несчастливое число, чёртова дюжина.

— Нет, тринадцатое января — это через два дня, а послезавтра — двенадцатое.

— А! Тогда пойдём!

— Отлично! А после показа можно пойти в кафе «Заяц».

— О господи! Опять заяц!

— Смешное название, правда?

— Да, очень.

— Говорят, там прекрасная кухня, хорошее обслуживание и приятная живая музыка.

— Знаю. Одна моя знакомая ходит в парикмахерскую Дома моды Зайцева, поэтому она довольно часто бывает в этом кафе.

— Значит, договорились?

— Да, потом ещё созвонимся.

— Хорошо, Пока!

— Пока!

参考译文

——喂！您好！请叫一下玛丽娅。

——稍等。

——你好，玛丽娅，我是维克多。

——你好！很高兴听到你的声音！近来怎样？

——谢谢，很好。想请你去维亚切斯拉夫·扎伊采夫时装大厦看时装收藏品表演。我已经有两份邀请函，所以不能拒绝。

——什么时候？

——后天晚6点钟。

——我想想。这周我很累，工作很多。

——现在我给你读一下，邀请函中写的什么，你马上就会同意："在商店沙龙可以买到大衣和风衣，西装和连衣裙——华丽的连衣裙、职业装、日常生活连衣裙，还有丰实多彩的服饰品。在个人订购沙龙可以订购衣服：音乐会服装、出色的晚装、婚纱和西装"。因此你不仅能够看到新款服装，而且还能订购。常言道：一箭双雕（一下打死两只兔子）。

— 什么兔子？与兔子有什么关系？
— 这意味着，一下子做成两件事。
— 啊，明白了。但还有另一个谚语，也是关于兔子的：一心不可二用。
— 我觉得，对于我们这种情景使用这个谚语不适合。好，你做了什么决定？
— 原因是后天我的朋友到我这儿来，所以我可能不能去。这是1月13日的，是吧？这一天哪儿也不去为好：这是个不吉利的日子，13。
— 不，再过2天才1月13日，而后天是12日。
— 啊！那我们走吧！
— 太好了！而看完表演我们可以去"兔子"咖啡馆。
— 噢，天啊！又是兔子！
— 可笑的名称，是吧？
— 是的，很可笑。
— 据说，那儿的食品口味很好，服务好，而且还有悦耳动听的音乐。
— 我知道。我的一个熟人常去扎伊采夫时装大厦的理发店，所以她常去这家咖啡馆。
— 那就是说，我们说定了？
— 是的，我们再电话联系。
— 好，再见！
— 再见！

Ⅲ.

— Саша, как ты думаешь, куда лучше поехать в выходные? Я давно хотел поехать в Суздаль. Говорят, это очень красивый старинный город.

— По-моему, лучше поехать в Ярославль, потому что туда можно плыть на теплоходе, а это интереснее, чем на автобусе. Ведь когда плывёшь на теплоходе, видишь много интересных, живописных мест. Волга — знаменитая, можно сказать, легендарная русская река. Ярославль — очень красивый город. Кстати, он, как и Суздаль, входит в знаменитое «Золотое кольцо». Говорят, там находится первый русский театр. Кажется, в такой тур входит маленький, но знаменитый город Углич. Там есть что посмотреть. Будем сочетать приятное с полезным: отдыхать и изучать русскую историю. Ну, что скажешь? Я могу составить тебе компанию.

— Отлично. Вдвоём веселее. Как ты думаешь, на теплоходе будет бар, ресторан? Надо же и повеселиться, отдохнуть, расслабиться. Я, например, обожаю бильярд. Когда я играю в бильярд, я забываю обо всём на свете!

— Друзья, мне кажется, вы забываете обо мне! Я тоже очень устал и хочу отдохнуть. Можно поехать с вами?

— Конечно! Как говорят русские: *Бог любит троицу!*

参考译文

—— 萨莎，你看休息日到哪儿去好？我早就想去苏兹达尔。据说这是一座非常美丽的古老城市。

—— 我觉得去雅罗斯拉夫尔好些，因为到那儿可以乘内燃机船，而这要比乘汽车更有意思。要知道当你乘船航行时，会看到很多惹人喜爱的风景如画的地方。伏尔加河是很有名的，可以说是具有传奇性的俄罗斯河流。雅罗斯拉夫尔是座非常美丽的城市。顺便说一下，它像苏兹达尔一样也是著名的"金环"的组成部分。据说，那儿有第一座俄罗斯剧院。好像这样的旅游还包括小但是很著名的城市乌格利奇。那儿有值得看的东西。我们将把美好的东西和有益的东西结合起来：休息和研究俄罗斯历史。你看怎么样？我和你结伴而行。

—— 太好了。两个人在一起会更快乐。你觉得内燃机船上会有酒吧、餐馆吗？当然还需要尽情欢乐、休息和放松。比如，我非常喜欢台球。当我打台球时，我能忘记世间的一切！

—— 朋友们，我觉得，你们把我忘记了！我也很累，想休息休息。可以与你们一起去吗？

—— 当然！像俄罗斯人常说的：上帝喜欢"3"！

12、

—— Алло!

—— Турагентство «Орфей». Добрый день.

—— Здравствуйте. Мы хотели бы заказать тур на праздничные дни.

—— Да, пожалуйста. Какой именно тур вас интересует?

—— У нас есть только четыре дня.

—— На четыре дня есть поездка в Санкт-Петербург.

—— Мы там уже были, поэтому это не подходит. А в Ярославль у вас нет туров?

—— Сейчас посмотрю, минутку. В Ярославль у нас есть, но мне надо уточнить дату. Да, с первого по четвёртое мая —— Москва — Углич — Ярославль — Москва. Трёхпалубный теплоход. Вы хотите забронировать каюту?

—— Да. Сколько стоит трёхместная каюта?

—— Одно место в такой каюте на верхней палубе стоит четыре тысячи пятьсот рублей. В стоимость входит трёхразовое питание и экскурсионное обслуживание.

—— Это каюта люкс?

—— Нет, но в каюте есть все удобства, и она на верхней палубе, поэтому такая стоимость. Если вы хотите дешевле, каюта, которая находится на нижней палубе, стоит три тысячи.

Тема 12

— Пожалуй, нет. Когда едешь отдыхать, не стоит экономить. Скажите, на теплоходе есть ресторан?

— Да, конечно, бар, ресторан, живая музыка, сауна — скучать не будете!

— И в бильярд можно играть?

— Да, есть бильярдный зал.

— Замечательно! Забронируйте, пожалуйста, одну трёхместную каюту. Моя фамилия Мурга. Когда к вам можно приехать, чтобы оплатить тур?

— Мы работаем с десяти до двадцати часов, кроме воскресенья. Адрес у вас есть?

— Да, в рекламе есть адрес. Мы приедем завтра.

— Скажите, пожалуйста, в какой газете вы нашли нашу рекламу?

— Мы нашли вас не в газете, а в журнале «Туризм и отдых». Очень красивый журнал. И бесплатный.

— Спасибо за комплимент.

— Это не комплимент, это правда! До завтра.

— До свидания. Ждём вас.

参考译文

— 喂!

— 这是"奥尔费"旅行社。您好。

— 您好。我们想预订节日旅游。

— 好的。您对什么样的旅游感兴趣?

— 我们只有4天。

— 4天旅游可以到彼得堡去。

— 我们已经去过了,所以这个不合适。没有去雅罗斯拉夫尔的旅游吗?

— 稍等,我看一下。有去雅罗斯拉夫尔的,但我需要确认一下日期。是的,5月1~4日,莫斯科-乌格利奇-雅罗斯拉夫尔-莫斯科。三层甲板的内燃机船。您想预订船舱吗?

— 是的。三人一间的多少钱?

— 上层甲板这样的船舱一个位置是4500卢布。其中包括三餐和游览服务。

— 这是豪华舱吗?

— 不是,但舱内设施齐全,而且位于上层甲板,所以才是这样的价格。如果您想要便宜一些的,位于底层甲板的舱是3000。

— 不。去旅行休息不必节约。请问,船上有餐厅吗?

— 当然,有酒吧、餐厅、动听的音乐、桑拿——你不会寂寞的!

— 可以打台球吗?

— 可以,有台球厅。

— 太好了。请预订一个三人间。我姓穆尔加。什么时候到您这儿付旅游款?
— 我们 10~20 点工作,星期天除外。您有我们的地址吧?
— 有,广告中有。我们明天过去。
— 请问,您在什么报纸上看到我们的广告的?
— 我们不是在报纸上,而是在"旅行与休息"杂志上看到你们公司的。很美的杂志。而且是免费的。
— 谢谢恭维。
— 这不是恭维,这是事实! 明天见。
— 再见。等您。

13.

— Вот столик, который мы заказали.
— Хорошо, что он у окна.
— Экскурсия была очень интересная. В этом маленьком городке Угличе происходили такие важные исторические события!
— Да, я что-то слышал раньше о Борисе Годунове, об убийстве маленького царевича Дмитрия, но не знал, что это случилось здесь.
— Друзья, давайте решать, что будем заказывать. Я очень хочу есть, а вы всё об истории. За столом надо есть: когда я ем, я глух и нем! Только сначала надо заказать что-нибудь. Тут в меню какие-то непонятные блюда. Вы, например, знаете, что такое гусарская рулетка? Или фаршированная перепёлка? А вот совсем смешное слово — «кулебяка».
— Это что-то новое.
— Скорее, это что-то очень старое, точнее старинное.
— Я знаю блины, пельмени, уху, щи, кашу, но «кулебяка» — первый раз слышу такое название.
— Давайте спросим у официанта.
— Может, лучше у официантки? Какая симпатичная! Девушка, вы не могли бы нам помочь?
— Да, пожалуйста.
— Мы не знаем некоторые блюда. Очень экзотические названия, поэтому мы не всё понимаем. Например, гусарская рулетка, фаршированная перепёлка.
— Перепёлка — это дичь, дикая птица. Фаршированная — потому что в ней есть начинка из фруктов. А гусарская рулетка — это бараньи котлеты с чесноком.
— Это блюдо любили гусары?
— Может быть, я точно не знаю. Говорят, что эти блюда приготовлены по рецептам, которые нашли в старинных кулинарных книгах.
— А что вы нам посоветуете?

— Попробуйте мясо с грибами в горшочке. Если вы любите выпечку, возьмите кулебяку.

— А блюда из рыбы у вас есть? Мы ведь на Волге.

— Есть волжская стерлядь, котлеты из судака, раки, сёмга в шампанском, осетрина.

参考译文

— 这就是我们订的桌。

— 靠窗户，很好。

— 旅游很有趣。在乌格利奇这座小城里曾经发生过这么重要的历史事件！

— 是的，我过去也听到过一些关于鲍里斯·戈都诺夫和德米特里小王子被杀的事，但我不知道，是发生在这里。

— 朋友们，我们来决定一下我们要点什么。我非常饿，而你们还总谈历史。饭桌上应该吃饭：当我吃饭时，我既聋又哑！只是首先要点菜。菜单上有一些不明白的菜。比如，您知道"骠骑兵肉卷"是什么吗？或者"填馅鹌鹑"是什么？而这个词十分可笑："长形大烤饼"。

— 这是种新菜。

— 应该说，这是很老的，准确的说是很古老的菜。

— 我知道薄饼、饺子、鱼汤、菜汤、粥，但"长形大烤饼"——这样的名称我第一次听说。

— 我们问一下服务员吧。

— 问女服务员会更好吧？多可爱！姑娘，您能帮我们一下吗？

— 好的。

— 有些菜我们不了解。很有异国风味的名称，所以我们没有全明白。比如，骠骑兵肉卷、填馅鹌鹑。

— 鹌鹑是野禽。填馅的，是因为里面有水果馅。而"骠骑兵肉卷"是加蒜的羊肉饼。

— 这道菜骠骑兵们喜欢吗？

— 可能吧，我说不准。据说，这些菜都是按菜谱做的，这些菜谱在古老的烹饪书里都有。

— 您向我们推荐什么？

— 请尝一尝蘑菇罐肉。如果您喜欢烤制的食品，就来长形大烤饼。

— 有鱼类菜吗？要知道我们是在伏尔加河岸上。

— 有伏尔加鲟鱼，鲈鱼肉饼，小虾，香槟鲑鱼，鲟鱼肉。

Тема 13

Ресторан. Банкет. В гостях

饭店、宴会、做客

1.

— Здравствуйте.
— Здравствуйте. Я хотел бы заказать столик в ресторане на сегодня, на вечер.
— У нас несколько ресторанов. Какой вас интересует?
— Ресторан с русской кухней и с русской музыкой.
— Пожалуйста. У нас есть русский ресторан. Сегодня там выступают цыгане.
— Ну что ж, это интересно.
— Вам нужно купить входные билеты в сервис-бюро. Цена одного билета десять долларов.
— Простите, а где находится сервис-бюро?
— На втором этаже. Это на Центральной улице, напротив французского ресторана.
— Спасибо.
— Когда вы придёте в ресторан, сможете выбрать удобное для вас место. Начало концерта в девять часов вечера.
— Спасибо.
— Пожалуйста.

参考译文

— 您好。
— 您好。我想在饭店订一个位置,今天晚上的。
— 我们有好几个饭店,您对哪个感兴趣?
— 具有俄罗斯风味和俄罗斯音乐的饭店。
— 好。我们有俄罗斯饭店,今天有茨冈人表演。
— 好,这很有意思。
— 您需要到服务部买入场券。每张券10美元。
— 请问,服务部在什么地方?
— 在二楼。在中央大街上,法国饭店对面。

Тема 13

— 谢谢。
— 到饭店时,您可以选择您方便的位置。音乐会晚上九点开始。
— 谢谢。
— 不客气。

2

— Добрый день. Можно заказать столик на сегодня? На вечер.
— Столик вы можете выбрать, когда придёте в ресторан. А входные билеты можно купить в сервис-бюро до десяти вечера. Цена билета десять долларов. Сегодня выступает цыганский эстрадный ансамбль.
— Спасибо.
— Добрый вечер. Добро пожаловать! Проходите.
— Спасибо. Нам нужен столик на двоих.
— Вот этот столик вам подойдёт?
— Нет, около сцены очень шумно.
— Тогда вот здесь вам должно понравиться.
— Да, спасибо. Здесь хорошо.
— Сейчас подойдёт официант. Вот, пожалуйста, меню.
— Что будете заказывать?
— Рыбное ассорти, пожалуйста, салат, цыплята табака, кофе.
— Что будете пить? Могу предложить хорошее грузинское сухое вино.
— Хорошо. Принесите бутылочку сухого вина и немного хорошей русской водки, грамм двести, не больше.

参考译文

— 您好。可以订一个位置吗?今天晚上的。
— 到饭店时,您可以选位置。晚10点之前在服务部买入场券。每张10美元。今天表演的是茨冈歌舞团。
— 谢谢。
— 晚上好。欢迎光临!请进。
— 谢谢。我们需两个人的位置。
— 这个位置对你们合适吗?
— 不,靠近舞台太吵了。
— 那里你们应该喜欢。
— 是的,谢谢。这里很好。服务员马上来。这是菜单。
— 你们点什么菜?
— 请来鱼什锦,沙拉,烤雏鸡,咖啡。
— 喝什么?建议你们来优质的格鲁吉亚干葡萄酒。

— Хорошо.来一瓶干葡萄酒，来点儿优质俄罗斯伏特加，200 克，多了不要。

3

— Алло. Будьте добры господина Дэвиса.

— Я у телефона.

— Добрый вечер, господин Дэвис. С вами говорит Носов, я представлял на переговорах фирму «Инторг».

— Добрый вечер, господин Носов. Очень приятно.

— Я хочу пригласить вас с супругой на приём, который наша фирма устраивает завтра в пять часов вечера в ресторане «Прага».

— Спасибо. Сегодня утром я получил письменное приглашение.

— Очень хорошо. Я решил позвонить вам, чтобы уточнить, сможете ли вы быть на приёме.

— Да, смогу. Я уезжаю из Москвы через два дня.

— Господин Дэвис, я хотел бы воспользоваться возможностью, чтобы выразить вам своё удовлетворение переговорами, которые мы провели с вами на этой неделе. Это были исключительно деловые и плодотворные переговоры.

— Да, наше сотрудничество дало свои положительные результаты: мы заключили, как мне кажется, взаимовыгодные сделки.

— Вы абсолютно правы. И в связи с этим я хотел бы поздравить вас с успехом и пожелать вашей фирме процветания.

— Благодарю вас. Надеюсь, мы и впредь будем успешно сотрудничать.

— Мы всегда будем рады поддерживать отношения с вашей фирмой.

— Мне было приятно работать с вами, господин Носов.

— Взаимно, господин Дэвис. До встречи.

参考译文

— 喂，请叫一下戴韦斯。

— 我就是。

— 晚上好，戴韦斯先生。我是诺索夫，我代表"国际贸易"公司来谈判。

— 晚上好，诺索夫先生。很高兴。

— 我想请您和夫人来参加我公司明天晚上5点在"布拉格"饭店举行的招待会。

— 谢谢。今天早晨我们已经接到书面邀请了。

— 很好，我给您打电话是想确认一下，您是否来参加招待会。

— 是的，我去。我2天后离开莫斯科。

— 戴韦斯先生，我想借此机会向您表达我对我们和贵方这周进行的谈判非常满意。这是极其务实并富有成果的谈判。

Тема 13

— 是的,我们的合作有了良好的成果:就像我认为的那样,我们签订了互利交易合同。
— 您说得完全正确。鉴于此我想祝贺您成功并祝愿贵公司繁荣昌盛。
— 谢谢您,希望未来我们的合作会顺利进行。
— 我们将很高兴保持与贵公司的关系。
— 我很高兴与您工作,诺索夫先生。
— 互相的,戴韦斯先生。再见。

4

— Добрый вечер. Мы рады вас видеть. Очень приятно, что вы пришли сегодня к нам. Надеюсь, что вы приятно проведёте этот вечер. Прошу внимания. Дамы и господа! Мы рады приветствовать вас сегодня здесь. Мы благодарим вас за то, что вы разделили с нами нашу радость. Спасибо! Наше совместное предприятие прошло регистрацию и, таким образом, получило путёвку в жизнь. Благодаря нашим партнёрам мы смогли создать это предприятие в очень сжатые сроки. Мы начинаем выпуск совершенно новой продукции, отвечающей самым строгим требованиям современной науки и техники. Мы рассчитываем, что с этой продукцией мы не только выйдем на мировой рынок, но и завоюем его. Предлагаю тост за успех нашего СП и его продукции! Пожелайте нам удачи, господа!

— Прежде всего я хотел бы поблагодарить наших партнёров за то доверие, которое они оказали нашей фирме, выбрав из большого числа претендентов именно нас. Мы рассчитываем на взаимовыгодное и плодотворное сотрудничество. Мы надеемся также, что своими инвестициями мы окажем помощь не только нашим партнёрам, но и всей российской экономике. За деловое сотрудничество! За успех!

— Успехи любого предприятия в значительной степени зависят от его руководителя. Зная это, мы попросили взять на себя руководство нашим СП Виктора Сергеевича Котова, которого мы знаем как прекрасного администратора и специалиста. Я хочу предложить тост за Виктора Сергеевича! Большому кораблю — большое плавание. Успехов вам в этом новом и непростом деле!

参考译文

— 晚上好。我们很高兴见到你们。很高兴你们今晚到我们这儿来。希望你们今晚度过愉快的时光。请注意。女士,先生们!今天我们很高兴欢迎你们到这里来。我们感谢你们,你们与我们分享了快乐。谢谢!我们的合资企业完成了注册,这样我们的企业就建立起来了。多亏我们的合作伙伴,我们才能在极短的时间建立起这个企业。我们将开始生产符合现代科学和技术最严格要求的完全新型的产品。我们希望,我们的产品不仅能够进入国际市场,而且能够征服国际市场。我提议为我们合资企业及其产品的成功干杯。祝我们顺利,先生们!

——首先我想感谢我们的合作伙伴给予我们公司的信任,从众多的竞争者中选择了我们。我们希望我们的合作是互利的,是富有成效的。我们还希望,我们的投资不仅能帮助我们的伙伴,而且还有助于整个俄罗斯经济。为我们务实的合作干杯! 为成功干杯!

——任何一个企业所取得的成绩在很大程度上都取决于它的领导者。因为我们知道这一点,所以我们请维克多·谢尔盖耶维奇·科托夫担任我们合资企业的领导,我们知道他是一个出色的行政管理者和专家。我提议为维克多·谢尔盖耶维奇干杯! 大才大用。祝您在这项新的、不平凡的事业中取得更大的成绩。

5

— Добрый вечер. Прошу вас. Я заказал вот этот столик. Не возражаете?
— Напротив! Здесь очень уютно, мне нравится.
— Вот и хорошо. Рассаживайтесь, господа. Закуски я заказал на свой вкус: маринованные грибы, салат, икра. А горячее мы закажем сейчас: кому что нравится. Вот меню. Выбирайте, пожалуйста.
— Мне очень нравится, как у вас готовят цыплёнка табак!
— А я предпочитаю рыбу. Наверное, потому, что я рыбак!
— Я тоже рыбак, и поэтому мы с вами закажем жареную осетрину.
— Господа, мы собрались здесь по очень приятному поводу — по поводу успешного завершения нашей работы. Мы удовлетворены результатами переговоров, которые, кстати, никак нельзя назвать лёгкими. Но, как говорится, конец — всему делу венец! Мы подписали взаимовыгодный контракт. Это первая ласточка, но мы надеемся на продолжение нашего сотрудничества. Предлагаю тост за плодотворное сотрудничество!
— За процветание вашей фирмы! За перспективу и большие возможности!
— За возможности!

参考译文

— 晚上好。请。我订了这个位置。您不反对吧?
— 正相反!这里很舒服,我喜欢。
— 太好了。先生们,请坐。小菜是按照我的口味点的:醋渍蘑菇,沙拉和鱼籽。热菜我们现在点:谁喜欢什么就点什么。这是菜单,请点吧。
— 我喜欢你们这儿做的烤雏鸡!
— 我更喜欢鱼。可能是因为我是渔民吧!
— 我也是渔民。我们点炸鲟鱼肉。
— 先生们,我们在这里相聚是因为有个可喜的理由,即我们顺利完成了工作。

我们对谈判结果非常满意,这个结果的取得是不容易的。但常言道,结果最重要!我们签订了互利合同。这是个开端,但我们希望我们能继续合作。我提议为富有成果的合作干杯。

— 为贵公司的繁荣干杯!为美好的前景和更大的机会干杯!

— 为机会干杯!

— Дорогой господин Петров! Вот и настал последний день вашего пребывания в России и Санкт-Петербурге. Время пролетело как один день. От лица нашей фирмы хочу сказать, что мы плодотворно потрудились. Нам легко и приятно было работать с профессионалами такого высокого уровня. Ваша компетентность, скорость и качество принятия решений, личное обаяние и доброжелательность покорили нас.

— Большое спасибо за тёплые слова.

— Будем надеяться, что наши первые переговоры и наша первая сделка положили начало взаимовыгодному, долгому и плодотворному сотрудничеству между нашими фирмами.

— У меня нет никаких сомнений, что так оно и будет.

— Надо признать, что в начале мы столкнулись с некоторыми сложностями, но, к счастью, мы сумели их совместно преодолеть. Взаимные компромиссы помогли нам в подписании договора и продемонстрировали не нашу слабость, а силу партнёрства. А это добрый знак. Это говорит о том, что между нами есть все условия для дальнейших взаимовыгодных контактов. В ходе работы мы уважали интересы друг друга. Предлагаю тост: за здоровье наших друзей, за процветание наших фирм, за дальнейшую совместную работу!

参考译文

— 亲爱的彼得罗夫先生。这是你们在俄罗斯和圣彼得堡的最后一天。时间过的很快。我想代表我们公司说,我们的工作富有成果。我们轻松而愉快地与这样高水平的专业工作人员一起工作。你们做决定的权威、速度和质量、个人的魅力和友好征服了我们。

— 多谢你们这些温暖的话语。

— 我们希望我们的首次谈判和首次交易奠定了我们两家公司之间长期、互利和富有成效的合作基础。

— 我对此毫无疑问。

— 应该承认,起初我们遇到了一些麻烦,但幸运的是我们共同克服了。相互妥协帮助我们签订了协议,而且展示的不是我们的软弱,而是合作的力量。而这是良好的标志。这说明,我们之间有继续互利联系的所有条件。在工作过程中我们相互尊重对方的利益。我提议为我们朋友的健康,为我们两家公司的繁荣,为我们继续共同工作而干杯。

7.

— Алло, это Ван Линь? Здравствуй, Александр Петров тебя беспокоит.
— Добрый вечер, Саша. Рад тебя слышать.
— У тебя какие планы на завтра? Что ты будешь делать завтра днём?
— Пока никаких. Может быть, буду гулять по Москве. А что?
— Мы с женой приглашаем тебя в гости.
— Спасибо! Я обязательно приду. Только скажи, у вас что — праздник?
— Совсем нет. Хотим приготовить настоящие сибирские пельмени и пригласить гостей. Будем ждать тебя завтра к обеду, часа в три. Дорогу знаешь?
— Конечно. Твой дом напротив офиса?
— Серый, восьмиэтажный. Второй подъезд, квартира 36. Да, чуть не забыл, у нас есть код — 179. На всякий случай запиши. Будем рады тебя видеть.
— Спасибо. Что принести с собой?
— Ничего не нужно, у нас всё есть.
— Ну, нет! Я в гости с пустыми руками ходить не привык.
— Лучше возьми с собой текст выступления на конференции. Ты хотел о чём-то меня спросить.
— Спасибо, что напомнил. Обязательно возьму. А ты получил приглашение на конференцию?
— Да, ещё в пятницу. Придёшь ко мне — поговорим.
— Тогда до встречи.
— До завтра.

参考译文

— 喂,是王林吗?您好,我是亚历山大·彼得罗夫,打扰您了。
— 晚上好,萨沙。很高兴听到你的声音。
— 你明天有什么计划?明天白天要做什么?
— 暂时没有什么计划。可能步行游览莫斯科。什么事?
— 我和妻子请你做客。
— 谢谢!我一定去。只是告诉我,你们是过什么节日吗?
— 完全不是,我们想做真正的西伯利亚饺子请客人吃。明天我们将等你吃午饭。三点左右。知道路怎么走吗?
— 当然,你家在办公室对面吧?
— 灰色8层楼。二门,36号住宅。对了,差点儿没忘了,我们是179号。记下来以防万一。我们将很高兴见到你。

Тема 13

— 谢谢。需要带什么？
— 什么都不需要，我们什么都有。
— 不！我到别人家做客不习惯空手。
— 那你就将会议发言稿带来为好。你不是想问我点儿什么吗。
— 谢谢你的提醒。一定带上，你收到会议邀请信了吗？
— 是的，周五就收到了。等你来时我们再谈。
— 那再见。
— 明天见。

— А вот и Ван Линь!
— Да, это я. Добрый день. Это вам, Наташа.
— Спасибо. Какой чудесный букет! Я очень люблю розы. Да, что же мы стоим? Проходите, пожалуйста.
— Простите, где можно вымыть руки?
— Пожалуйста, сюда. Налево — ванная, направо — туалет. Вот мыло и полотенце.
— Какая у вас уютная квартира! Сколько здесь комнат?
— Три. Здесь у нас комната дочери, справа — наша спальня. Пойдёмте в гостиную.
— Сколько у вас картин!
— Дочь заканчивает художественное училище. Это её работы.
— А где она сейчас?
— Сегодня она будет поздно — её подруга выходит замуж.
— Какой необычный портрет!
— Я думаю, что это её лучшая картина.
— Где она хочет работать?
— Пока не знает. Может быть, дизайнером. Преподаватель говорит, что у неё есть интересные идеи. А у вас есть дети?
— У меня двое — сын и дочь. Дочь ещё школьница. Сын — студент.
— А где он учится?
— В Пекине, в университете, на медицинском факультете. Он будет врачом.
— Как я вам завидую!
— Думаю, он будет хорошим врачом.
— Обед готов. Прошу всех к столу.

参考译文

— 王林来了!
— 是的,是我。您好。这是给您的,娜塔莎。
— 谢谢。多漂亮的花呀!我很喜欢玫瑰。呀,我们为什么站着?请进。
— 请问,在哪里可以洗手?
— 到这儿来。左侧是浴室,右侧是卫生间。这儿有香皂和毛巾。
— 你们的房子真舒服啊!几个房间?
— 3个。这里是女儿的房间,右侧是我们的卧室。我们到客厅吧。
— 你们家的画真多呀!
— 女儿即将从艺术学校毕业。这是她的作品。
— 那她现在在哪儿?
— 今天她会回来得晚,她的朋友出嫁。
— 多么特别的肖像啊!
— 我认为,这是她最好的画。
— 她想到哪工作?
— 她还不知道。可能要做一名设计师吧。老师说,她的想法很有意思。您有孩子吗?
— 我有2个孩子——儿子和女儿。女儿还是中学生。儿子是大学生。
— 他在哪儿学习?
— 在北京,在大学医学系学习。他会成为医生。
— 我太羡慕您了。
— 我想他会成为一名好医生。
— 饭做好了。请大家入座。

2.

— Какой замечательный пирог! Его, наверное, трудно готовить?
— Очень легко! Могу рассказать. Нужно смешать четыре яйца, один стакан муки, один стакан сахара, потом добавить яблоки и поставить в духовку. Полчаса — и пирог готов.
— И это всё? Обязательно расскажу жене. Она любит готовить новые блюда.

参考译文

— 多好吃的馅饼啊!这大概很难做吧?
— 很简单!我讲给你听。需要把4个鸡蛋、一杯面粉、一杯糖放在一起搅拌,然后再加入苹果,放到烤箱中。半个小时馅饼就好了。
— 就这些吗?我一定讲给我妻子。她喜欢做新菜。

Тема 13

10.

— Алло. Слушаю.

— Добрый вечер, Роберт. Я не поздно?

— Нет-нет, что вы. Мы ещё даже не ложились. Рад вас слышать, Андрей.

— Роберт, мы с женой хотим пригласить вас с Анной к нам в гости. Посидим, поговорим, музыку послушаем.

— Спасибо, Андрей. Мы с радостью принимаем ваше приглашение.

— Вот и чудесно! Тогда мы ждём вас в воскресенье, в два часа. Вам удобно это время?

— Удобно. У нас на это воскресенье никаких планов нет, и мы совершенно свободны.

— Я познакомлю вас со своей женой, Ириной, и с сыном.

— А как зовут сына?

— Святослав. Это старинное русское имя.

— Прекрасное имя.

— Ирина хочет угостить вас русскими национальными блюдами.

— Она, наверное, прекрасно готовит? Ведь русская кухня требует большого мастерства.

— Да, она у меня хорошая хозяйка.

— Я всегда восхищаюсь русскими женщинами. Они всё успевают: и на работе, и дома.

— И при этом ещё хорошо выглядят.

— Да, у вас много красивых женщин.

— Ну что ж, Роберт, до встречи в воскресенье?

— До встречи, Андрей. Всего доброго. И спасибо за приглашение.

— Ждём вас.

参考译文

——喂,请讲。
——晚上好。罗伯特。我打电话太晚了吧?
——不,看您说的。我们还没躺下呢。很高兴听到您的声音,安德烈。
——罗伯特,我和妻子想请您和安娜到我家做客。我们坐一坐、聊聊天、听听音乐。
——谢谢,安德烈。我们很高兴接受你们的邀请。
——太好了!那我们就周日2点等你们。这个时间对你们合适吗?
——合适。我们这周日没有任何计划,我们完全有空。

— 我会将你们介绍给我的妻子伊丽娜和儿子。
— 儿子叫什么?
— 斯威亚托斯拉夫。这是古老的俄罗斯名字。
— 非常好的名字。
— 伊丽娜想请你们吃俄罗斯民族饭菜。
— 她大概做饭做得很好吧?要知道,俄罗斯风味的饭菜要求很高的技能。
— 是的,她是我家的好主妇。
— 我总是非常赞赏俄罗斯女士们。她们能来得及做一切事情:无论在工作中,还是在家里。
— 而且气色还很好。
— 是的,你们有很多漂亮的女士。
— 好吧,罗伯特,那就周日见?
— 再见,安德烈,一切顺利。谢谢邀请。
— 等你们。

Ⅲ.

— Андрей? Добрый день.
— Здравствуйте, Роберт.
— Андрей, я хочу поблагодарить вас за чудесный день, который мы провели у вас дома.
— Я рад, что вам у нас понравилось. А как вы себя чувствуете?
— Спасибо, всё в порядке.
— А как Анна?
— Тоже хорошо. Правда, она говорит, что после русского гостеприимства ей, наверное, придётся сесть на диету!
— Ну что вы! Это был обычный русский обед.
— Передайте Ирине, что обед был просто великолепный! Стол был очень красивый, и всё было необыкновенно вкусно!
— Спасибо, передам. Она действительно хорошо готовит.
— Анне очень понравилось, как Ирина играет на гитаре и поёт. Она просто в восторге от Ирины.
— Взаимно: Анна тоже очень понравилась Ирине.
— Спасибо, Андрей, за прекрасный приём. Всё было просто восхитительно!
— Я рад.
— Теперь мы ждём вас к себе в гости.
— Спасибо. Кстати, Роберт, как вы смотрите на то, чтобы съездить за город? У нас есть дача в Подмосковье.
— Прекрасная мысль! Я очень люблю подмосковную природу. А когда мы

поедем?

— Я думаю, через неделю. В следующий четверг я вам позвоню, и мы обо всём договоримся конкретно. Хорошо?

— Хорошо. И ещё раз спасибо. До встречи.

— До свидания, Роберт.

参考译文

— 安德烈？您好。

— 您好，罗伯特。

— 安德烈，我想为我们在你们家度过的美好一天对您表示感谢。

— 我很高兴，您喜欢我们家。感觉怎么样？

— 谢谢，一切正常。

— 安娜怎么样？

— 也很好。的确，她说经过俄罗斯人的热情招待她大概需要节食了！

— 看您说的！这只是一顿简单的俄罗斯午饭。

— 请转告伊丽娜，午饭非常好吃！饭桌很漂亮，而且所做的一切都非常好吃！

— 谢谢，一定转告。她的确做饭很好吃。

— 安娜很喜欢伊丽娜弹吉他和唱歌。她听到伊丽娜的表演简直太高兴了。

— 互相的：伊丽娜也很喜欢安娜。

— 谢谢热情的招待，安德烈。一切简直太美好了！

— 我很高兴。

— 现在我们要等你们到我家里做客。

— 谢谢。罗伯特，顺便问一下，要去郊外您看怎么样？我们在莫斯科郊区有别墅。

— 太好了！我很喜欢莫斯科郊外的大自然。那我们什么时候去？

— 我想一周之后。下周四我给你打电话，我们再具体商定所有事情。好吗？

— 好。再次感谢。再见。

— 再见，罗伯特。

12.

— Добрый вечер, Андрей.

— Рад вас слышать, Роберт. Ну, как вы себя чувствуете?

— Мы у вас на даче прекрасно отдохнули.

— Я боялся, что вы с Анной простудитесь. Ведь было довольно прохладно и ветрено.

— Ну что вы! Англичане не боятся прохладной погоды. Для нас такая погода считается тёплой и даже жаркой.

— Вот в июне у нас стояла настоящая жара. Весь месяц не было дождя.

— Зато у нас в Англии в июне лили проливные дожди. А туман в конце месяца был такой, что даже закрыли аэропорт.

— Вы знаете, Роберт, я так люблю лес, что мне нравится за городом в любое время года.

— Вы и зимой ездите к себе на дачу?

— Конечно! Когда много снега, мы катаемся на лыжах и на санках. Солнце яркое, снег блестит — очень красиво!

— Но весной, наверное, всё-таки тоже красиво?

— Да, когда цветут яблони и вишни, сад очень красивый. И аромат потрясающий! Лучше всяких духов.

— А я очень люблю осенний лес, когда листья становятся золотыми и красными.

— За городом всегда хорошо, в любое время года.

— Абсолютно с вами согласен! Я вас, наверное, утомил своими разговорами?

— Нисколько. Мне очень приятно разваривать с вами.

— Спасибо. Ну что ж, уже поздно... Передавайте привет вашей очаровательной жене. Спокойной ночи.

— И Анне от нас тоже большой привет. Спокойной ночи.

参考译文

— 晚上好,安德烈。

— 很高兴听到您的声音,罗伯特。感觉怎么样?

— 我们在你们的别墅休息得很好。

— 我还担心你和安娜会感冒呢。因为当时很凉,还有风。

— 看您说的!英国人是不怕凉天的。对于我们来说那样的天气被认为是暖和甚至是热天。

— 6月份时我们这儿的天气真热。整个月没下过雨。

— 但在我们英国6月份下了倾盆大雨。而月底下了大雾,以至于关闭了机场。

— 罗伯特,您知道,我喜欢森林,我喜欢任何季节的郊外。

— 您冬天也去别墅吗?

— 当然!当有很多雪时,我们滑雪和雪橇。阳光明媚,白雪闪闪发光,非常漂亮!

— 但春天大概也很漂亮吧?

— 是的,当苹果和樱桃树开花时,花园很美丽。香气非常好!比所有的香水都好。

— 而我喜欢秋天的森林,那时叶子变得金黄和通红。

— 郊外无论哪个季节都很好。
— 完全同意您的观点！我说的太多了，您大概累了吧？
— 一点也不累。我很喜欢与您聊天。
— 谢谢。好吧，已经晚了……请向您迷人的妻子问好。晚安。
— 也向安娜转达我们的问候。晚安。

13.

— Заходите-заходите! Я вас жду. Садитесь вот в это кресло, здесь удобно. Вы любите чай с мятой?

— Да, с мятой или с жасмином.

— Вы знаете, хороший чай — это моя слабость!

— Я приглашаю вас в гости, и моя жена угостит вас настоящим английским чаем.

— Ловлю вас на слове, Майкл! Ну, давайте пить чай.

— Чудесный чай! Олег Викторович, вы обещали сыграть со мной партию в шахматы. У вас есть настроение?

— Конечно! Тем более, что шахматы — моё давнишнее увлечение. Как теперь говорят, хобби.

— А моё хобби — монеты. У меня довольно большая коллекция. Я лично уже начал собирать российские монеты. А вы что-нибудь коллекционируете?

— У меня с детства осталась коллекция марок. Сейчас они представляют большой интерес: в них — вся советская эпоха!

— Да, это очень интересно!

— Ну что ж, фигуры расставлены. Начнём? Кстати, вы хорошо играете в шахматы?

— Вообще-то, я не играл ни разу! Наверняка проиграю.

— Ничего. Первый блин всегда комом. Постепенно научитесь играть. Хотите, я буду вашим учителем?

— Конечно! Спасибо вам большое. Чей ход?

— Ваш. Первыми всегда ходят белые.

参考译文

— 请进。我在等您。请坐到这个椅子上，这里舒服。您喜欢薄荷茶吗？
— 是的，喜欢薄荷茶或花茶。
— 您知道吗，喝好茶是我的癖好。
— 我请您做客，我妻子请您喝真正的英国茶。
— 我抓住您话柄了，迈克尔！我们喝茶吧。
— 茶太好了！奥列格·维克多罗维奇，您答应与我下一盘棋。您有心情吗？

— 当然！更何况，象棋是我早已有的爱好。像现在说的是嗜好。
— 而我的嗜好是收藏钱币。我有很多藏品。我个人已经开始收藏俄罗斯钱币。您不收藏什么吗？
— 我从小收藏邮票。这些邮票现在引起很大的兴趣，因为这些邮票中反应了整个苏联时代！
— 是的，这非常有意思！
— 好，棋子已经摆好了，开始吧？您的棋艺很好吗？
— 总的来说，我一次没下过！大概我会输。
— 没关系。万事开头难。您慢慢就能学会。您想让我做您的老师吗？
— 当然！多谢您。谁先走？
— 您先走。白棋总是先走。

14.

— Посмотрите, какие красивые места под Москвой! Я езжу на дачу уже более десяти лет и не устаю восхищаться русской природой.
— Да, в России очень красивые леса. Особенно мне нравятся берёзы.
— Берёза для нас — символ России.
— А ваш загородный дом находится в лесу?
— Да. Там у нас очень красиво. Вот приедете, увидите сами.
— А река там есть?
— Ну а как же! Конечно, есть. Приедем — и сразу пойдём купаться.
— Вы знаете, почему я спросил об этом? Я... Как это говорят по-русски? Вспомнил! Я — заядлый рыболов!
— Вот и хорошо. У нас и удочки есть. Встать нужно часа в четыре. Не рано для вас?
— Нет-нет, что вы! Я готов.
— Чем раньше придём на речку, тем лучше. Правда, у нас тут рыбы кот наплакал, но ничего: посидим, поговорим, свежим воздухом подышим.
— Какие здесь красивые места!
— Да, здесь хорошо. Ну вот мы и приехали. Сейчас я покажу вам наш сад.
— В саду, наверное, приходится много работать?
— Ну а как же! Конечно! За садом нужно ухаживать. Но ведь без труда не вынешь и рыбку из пруда! Слышали такую пословицу?
— Да-да, я её часто слышу.
— А я, пока вы будете осматривать сад, быстренько приготовлю обед.
— Ну что ж, дорогие гости, прошу!

Тема 13

参考译文

— 看看，莫斯科郊外的地方多美啊！我每年到别墅来已经坚持10年了，我从不厌倦赞赏俄罗斯的大自然。

— 是的，俄罗斯有美丽的森林。我特别喜欢白桦树。

— 白桦树对于我们来说是俄罗斯的象征。

— 您在郊外的房子是在森林中吗？

— 是的。我们那里很美。您来就会自己看到。

— 有河流吗？

— 怎么会没有呢！当然有。我们一到就去洗澡。

— 您知道，我为什么问这个吗？我……这用俄语怎么说了？想起来了！我是酷爱钓鱼的人。

— 太好了。我们家有鱼竿。4点左右就要起床，对您来说不早吗？

— 不早，不早。看您说的！我准备好了。

— 越早到河边去越好。的确，我们这儿鱼少得可怜，但没关系，我们坐一坐、聊一聊、呼吸一下新鲜空气。

— 这里的地方太美了！

— 是的，很美。现在我们到了。我带你们参观我们的花园。

— 在花园可能要干很多活吧？

— 怎么能不多干活呢？当然了！花园需要养护。要知道不付出劳动连鱼池里的鱼都钓不上来！您听过这个谚语吗？

— 是的，是的，我经常听说。

— 你们先参观花园，我快去做饭。

— 好，亲爱的客人们，请吧。

Тема 14
Поздравления. Пожелания
祝贺、祝愿

1.

— Алло! Папа, мы поздравляем тебя с наступившим Новым годом.
— Спасибо, сын.
— Мы желаем тебе здоровья, счастья и долгих лет жизни.
— И вам того же.
— Оставайся таким же бодрым и активным, каким мы тебя всегда знали.
— Постараюсь, сын. Ну, а вам я желаю здоровья, счастья и ещё, чтобы вам всегда везло в жизни.
— Спасибо. Папа, дай мне маму, я её тоже хочу поздравить.
— Она пошла в универсам: ей во что бы то ни стало нужен гусь для праздничного стола! Ты ведь знаешь её.
— Да, для мамы Новый год без гуся — это уже не Новый год. Ну, я тогда позвоню через пару часов.
— Звони.

参考译文

— 喂！爸爸，我们向你祝贺已经到来的新年。
— 谢谢，儿子。
— 我们祝你身体健康、幸福、长寿。
— 也同样祝福你们。
— 愿你像我们看到的那样永远精神饱满、积极向上。
— 我会尽力的，儿子。而我祝你们健康、幸福，还有生活中总是好运。
— 谢谢，爸爸，请把电话给妈妈，我也想向她祝贺新年。
— 她去商店了：她无论如何都要让节日餐桌上有大鹅。你是了解她的。
— 是的，对于妈妈来说，新年没有大鹅就不是新年，好，那我2小时后再打。
— 请再打。

2.

— Олег, здравствуй! Это я.
— Ну наконец-то! Сколько лет, сколько зим!

— Я тебе не звонил всего три дня.

— Нет, Андрюша. Ты не звонил дней десять.

— Неужели?! Подумать только! Как быстро летит время! Ну не сердись, Олег, я хочу поздравить тебя с Новым годом.

— Спасибо.

— И пожелать тебе счастья, здоровья и исполнения всех твоих планов и желаний.

— Прекрасные пожелания: как ты знаешь, планы у меня на следующий год грандиозные.

— Знаю, поэтому и желаю.

— И надо нам с тобой в новом году почаще видеться.

— Не обижайся, старик! Ты же знаешь, как много я работаю.

— Знаю и не обижаюсь.

— Вы Новый год встречаете у твоих родителей?

— Да. Это ведь семейный праздник.

— Мы тоже будем у моих стариков. Ну, а второго приходите к нам на обед. Ждём вас с детьми к часу. Договорились?

— Хорошо.

参考译文

— 奥列格,你好! 是我。

— 终于来电话了。好久没打电话了!

— 我仅仅三天没给你打电话。

— 不,安德柳沙。你有约10天没打电话了。

— 真的吗? 真没想到! 时间飞逝! 别生气,别生气,奥列格,我想向你祝贺新年。

— 谢谢。

— 祝你幸福,健康,实现所有的计划和愿望。

— 美好的祝愿:你知道,我明年的计划很宏大。

— 我知道,所以才祝愿你。

— 在新的一年我和你应该常见面。

— 别生气,老头儿! 你知道,我有很多工作。

— 我知道,不生气。

— 你们在你的父母那儿过新年吗?

— 是的,这是家庭节日嘛。

— 我们也将在我的老人那里过年,好,2号到我家来吃饭。一点等你们和孩子。说定了?

— 好。

3

— Добрый день, Нина.
— Здравствуйте, Андрей.
— Нина, я хочу поздравить вас с самым важным событием в жизни женщины: с рождением сына.
— Спасибо большое.
— Все передают вам сердечные приветы и желают здоровья и счастья маме и сыну. А я от себя лично желаю вам, чтобы он рос здоровым, умным, добрым и сильным — в общем, настоящим мужчиной.
— Мы постараемся, чтобы он вырос хорошим человеком.
— Ну, отдыхайте. Не буду отвлекать вас от дел.
— Да, дел у меня сейчас прибавилось. Спасибо вам, Андрей, за поздравление. До свидания.
— Всего вам наилучшего, Нина.

— 您好，尼娜。
— 您好，安德烈。
— 尼娜，我想向您祝贺女士一生中最重大的事——生儿子。
— 多谢。
— 大家都向您转达诚挚的问候，并祝母子健康，幸福。而我代表自己祝您儿子健康成长，聪明，善良和坚强，总之成为真正的男子汉。
— 我们尽力让他成为好人。
— 好，休息吧。不打扰您了。
— 是的，我现在事多了。谢谢您的祝贺，安德烈。再见。
— 祝一切顺利，尼娜。

4

— Алло! Алло! Это вы, Олег?
— Майкл, вы?! Откуда вы звоните?
— Из дома. Хочу поздравить вас с Новым годом! Желаю вам счастья, успехов во всех ваших делах, благополучия!
— Большое вам спасибо за поздравление. Мы все желаем вам здоровья, удачи и исполнения желаний. Пусть сбудутся все ваши мечты!
— Спасибо! Вам всем того же!
— Спасибо, что позвонили. Я очень тронут. Не ожидал, что вы позвоните. Мы получили ваш факс с новогодним поздравлением сегодня утром.
— А я хотел поздравить вас лично. Правда, я звоню уже целый час, никак

не мог дозвониться. У вас кто-то всё время висит на телефоне.

— Это Аня. Обзванивает всех родственников и знакомых.

— Передайте ей мои поздравления. И Вере Степановне, конечно. Скажите, что я желаю ей крепкого здоровья.

— Спасибо. Мы все поздравляем вашу семью с наступившим Новым годом! Майкл, когда вы приедете в Москву?

— Буду к открытию выставки. Я слышал, ваша фирма решила выставить три новые модели?

— Пока неизвестно, поживём — увидим. Работа ещё не закончена. Ну, спасибо за звонок. До встречи.

— До свидания, Олег. Скоро увидимся.

参考译文

— 喂！喂！是您吗，奥列格？
— 迈克尔，是您？您从哪儿打电话？
— 从家里。我想向你祝贺新年！祝您幸福，一切事情都顺利，平安！
— 多谢您的祝贺。我们大家祝您健康、顺利、并实现所有的愿望，梦想成真！
— 谢谢！也同样祝福您。
— 谢谢您打来电话。我很感动，没想到您会打电话。我们今天早晨收到了你们祝贺新年的传真。
— 而我想以个人名义祝贺。的确，我已打了整整一个小时，无论如何都打不通。你们这儿总是有人打电话。
— 是阿尼娅。她给所有的亲朋好友打电话。
— 向她转达我的祝贺。当然，也向维拉·斯捷潘诺夫娜转达。告诉她我祝她身体健康。
— 谢谢。我们大家祝你们全家新年快乐！迈克尔，您什么时候来莫斯科？
— 博览会开幕时。我听说，你们公司决定展出3台新产品？
— 暂时不知道，走着看吧。生产工作还没结束。谢谢打来电话。再见。
— 再见，奥列格。很快就会见面。

5

— Поздравляю вас с праздником! С Рождеством!

— Спасибо, Майкл! Спасибо! Проходите пожалуйста. Пальто можно повесить вот здесь. Давайте я вам помогу.

— Спасибо, не беспокойтесь. Я сам.

— Проходите, пожалуйста, в гостиную.

— Спасибо. Скажите, Анна, у вас Рождество стали широко отмечать только после перестройки?

— Да. Раньше Рождество отмечали только верующие, а сейчас это общий праздник. В этом году рождественские дни были у нас выходными.

— Прошу всех к столу! Рассаживайтесь. Майкл, вам здесь будет удобно? Что вы будете пить? Коньяк? Вино? Водку?

— Пожалуй, вино. Я к водке что-то никак не привыкну.

— Тогда попробуйте грузинское вино.

— Спасибо.

— Ну что ж, разрешите мне на правах хозяина произнести первый тост. Праздник Рождества — это светлый праздник, в этот день каждый верит в добро и счастье. За Рождество!

— В детстве я читал в книгах, что Россия — это холодная, снежная страна. И я удивлялся: как там живут люди?! Но сейчас я знаю, что в этой стране невозможно замёрзнуть даже в самый сильный мороз, потому что теплота русского сердца отогреет любого. За вас! За ваш гостеприимный, уютный дом!

— Спасибо, Майкл! За вас. Спасибо!

参考译文

——祝您节日快乐！圣诞节快乐！

——谢谢,迈克尔！谢谢！请进。大衣可挂在这里。我来帮您。

——谢谢,别麻烦了。我自己来。

——请到大厅来。

——谢谢。安娜,请问,只是改革后你们才开始广泛庆祝圣诞节吧？

——是的。过去只有教徒才庆祝圣诞节,而现在是一个普遍的节日。我们这儿今年圣诞日是休息日。

——请大家入座。请坐。迈克尔,您在这里还方便吧？喝什么？白兰地？葡萄酒？伏特加？

——要葡萄酒吧。我怎么也不习惯喝伏特加。

——那就尝尝格鲁吉亚葡萄酒吧。

——谢谢。

——好。请允许我以主人的身份提议第一杯。圣诞节是光明的节日,这一天每个人都相信善良和幸福。为圣诞节干杯！

——小时候我在书中读到过,俄罗斯是一个很冷,到处都是白雪的国家。那时我很惊奇:那儿的人怎么生活啊?! 但现在我知道了,在这个国家甚至在最寒冷的日子里也不可能冻死,因为俄罗斯人心灵的温暖可以使每个人变暖。为你们干杯！为你们热情,舒适的家干杯！

——谢谢,迈克尔！为您干杯。谢谢！

Тема 14

— Прошу всех наполнить бокалы. Сегодня мы собрались по очень торжественному случаю. 50 лет — это круглая дата! И, как положено, первый тост за нашего дорогого юбиляра! Пожелаем ему долгих лет жизни, счастья, успехов!

— Дорогой Виктор Сергеевич! От имени нашего коллектива и от себя лично поздравляю вас с юбилеем. Нам приятно работать под вашим руководством. Разрешите вручить вам памятный подарок, это карманные часы. Мы надеемся, что ваша способность идти в ногу со временем никогда не покинет вас и что она принесёт процветание и вам, и нашей фирме.

— Я старый друг Виктора Сергеевича. Мы знакомы уже более сорока лет. Знаете, он всегда отличался незаурядными способностями. Когда мы были ещё детьми, о нём тогда говорили: «Мал золотник, да дорог!» Сейчас он занимает высокий пост, но для меня он навсегда останется тем мальчишкой, с которым я бегал на речку и играл в футбол. Я люблю тебя, как брата! Я пью за твою доброту и сердечность. Живи долго и счастливо! Давай с тобой чокнемся!

— Здесь говорили о юбиляре много хороших слов, я полностью присоединяюсь к ним. Конечно, я не так хорошо знаю виновника торжества, как собравшиеся здесь. Но одну черту характера я успел заметить — это надёжность. А она очень важна в жизни, особенно в бизнесе. За вас, господин Котов!

— Благодарю всех за тёплые слова, адресованные мне. Я тронут до глубины души. Но именно сегодня я хотел бы поднять бокал за человека, благодаря которому я смог чего-то добиться в жизни, который делит со мной все радости и огорчения, — за мою супругу. За тебя, дорогая!

参考译文

——请大家倒满杯。我们今天相聚是因为一个庄严的事情。50岁是个整十数！通常第一杯我们为亲爱的受庆祝的人干杯！我们祝愿他长寿、幸福、取得成就！

——亲爱的维克多·谢尔盖耶维奇！我代表我们集体和我个人祝您纪念日快乐！我们很高兴在您的领导下工作。请允许献给您纪念礼物，这是块怀表。我们希望您永远保持与时俱进的能力，而且这种能力不仅带给你们，也带给我们公司繁荣。

——我是维克多·谢尔盖耶维奇的老朋友。我们相识已经40多年了。你们知道，他总是表现出非凡的能力。当我们还是孩子的时候，大家这样谈论他："物小价值大"。现在他位居高职，但对于我来说，他永远是和我一起去岸边和踢足球的那个小男孩。我就像爱兄弟一样爱你。我为你的善良，真诚干杯！长寿，幸福！来，我们干杯！

—— 这里说了受庆祝人很多好话，我完全同意。当然我没有像在座的人那样了解受祝贺的人那么多。但有一个特点我发现了，这就是可靠性。而这是生活中很重要的事情，特别是在生意上很重要。为您，科托夫先生干杯！

—— 谢谢大家对我说的温暖话语。我深深感动。但是今天我想为一个人举杯，多亏她我能够在生活中取得一点成绩，她与我分享所有的快乐和悲伤，为我的妻子干杯。为你干杯，亲爱的！